大数据时代图书馆信息系统的系统分析与设计

曹祺 著

System Analysis and Design of Library Information System in the Era of Big Data

WUHAN UNIVERSITY PRESS
武汉大学出版社

图书在版编目(CIP)数据

大数据时代图书馆信息系统的系统分析与设计/曹祺著.—武汉:武汉大学出版社,2020.5(2022.4 重印)
ISBN 978-7-307-21475-0

Ⅰ.大… Ⅱ.曹… Ⅲ.图书馆—信息系统—研究 Ⅳ.G250.7

中国版本图书馆 CIP 数据核字(2020)第 073334 号

责任编辑:宋丽娜　　责任校对:李孟潇　　整体设计:马　佳

出版发行:**武汉大学出版社**　(430072　武昌　珞珈山)
(电子邮箱:cbs22@whu.edu.cn　网址:www.wdp.com.cn)
印刷:武汉邮科印务有限公司
开本:787×1092　1/16　印张:10　字数:243 千字　插页:1
版次:2020 年 5 月第 1 版　2022 年 4 月第 3 次印刷
ISBN 978-7-307-21475-0　定价:35.00 元

目　　录

1 研 究 背 景

学术论文是科研工作者的原料和成果,科研活动的目的是创新。科研活动是科研工作者反复阅读相关学者的科研成果(即图书馆信息系统管理的“科技大数据”),复盘前人的科学实验,不断深入研究,发现新的现象和问题,并最终以论文的形式向同行分享。

图书馆是服务科研活动的重要机构之一,一方面要保存和馆藏论文,另一方面要运营一个高效率的图书馆信息系统(Library Information System,LIS),管理各类科技大数据,来服务科研工作者。

随着大数据时代的来临,传统的图书馆信息系统有很多不足。笔者结合自己长期以来在图书情报与档案管理学科的科研经历和在软件工程领域的工程经验,开发了一款面向大数据时代的图书馆信息系统,主要面向科研工作者,分享相关经验和成果。

1.1 大数据的发展现状

过去 30 年,大数据改变了人类的生活方式和工作方式,数据变得越来越多,每天有 2.5EB 数据产生①。过去 30 年,大数据领域的发展主要分为以下 3 个阶段。

第一阶段为结构化数据领域的发展。1974 年,Donald D. Chamberlin 和 Raymond F. Boyce② 提出了结构化查询语言(Structure Query Language, SQL)标准③,标志着人类可以处理结构化数据,其理论主要为 ACID 理论,相关研究公司为美国微软公司、甲骨文公司。美国微软公司的系统为 SQL Server,甲骨文公司的系统为 Oracle 和 MySQL,以及在移动互联网领域广泛应用的系统 SQLite④。但是这些数据库底层存储原理主要为文件系统,其查询原理主要为 B 树。

第二阶段为半结构化数据领域的发展。2004 年,谷歌公司提出了 BigTable 架构⑤,标

---

① Ergüzen Atilla, Ünver Mahmut.Developing a File System Structure to Solve Healthy Big Data Storage and Archiving Problems Using a Distributed File System[J].Applied Sciences,2018,8(6).

② Donald D Chamberlin, Raymond F Boyce. SEQUEL: A Structured English Query Language [J]. Proceedings of 1974 ACM-SIGFIDET Workshop on Data Description. Access and Control 1974,2.

③ ISO/IEC 9075-2: 2011 Information Technology-Database Languages[S]. 2011.

④ Kang Woon-Hak, et al. X-FTL: transactional FTL for SQLite databases[J]. Proceedings of the 2013 ACM SIGMOD International Conference on Management of Data. ACM, 2013.

⑤ Chang Fay, et al. Bigtable: A distributed storage system for structured data[J]. ACM Transactions on Computer Systems(TOCS),2008,26(2).

志着 NoSQL(Not Only SQL,NoSQL)标准的提出,人类可以处理结构化数据,其理论主要为CAP 理论,相关研究公司如美国谷歌公司。NoSQL 与 SQL 不同的是,其数据存储范式相对比较松散。其中行数据库如 MongoDB①,列数据库如 Apache Hbase②、Google BigTable,图数据库如 Neo4J③,哈希数据库如 Leveldb、Redis④,XML 数据库如 XMLDB⑤。其存储原理主要基于分布式文件系统,如 Apache Hadoop。但是查询原理有不同的实现方式,具体而言,树状查询如 MongoDB;全文检索如 Apache Lucene;实时检索如基于 Apache Lucene 的 Elastic Search⑥,其原理为在内存中保留一棵 LSM 树,动态实时建立 Lucene 索引,并定时替换索引;哈希查询如内存 NoSQL 数据库 Redis;Xpath 查询如 XMLDB。

第三阶段为非结构化数据领域的发展。最近 10 年,得益于 Geoffrey Hinton 在深度学习领域的研究⑦和 NVDIA GPU 硬件性能的提升,人类可以处理结构化数据并应用于产业,如Google TensorFlow 引擎⑧。

近 5 年来,多个领域已经能分别处理结构化数据、半结构化数据和非结构化数据。但是产业的应用落后于科研的发展。其关键问题在于,尽管数据很多,但是缺乏个性化定制服务,而应用需要结合需求去定制。未来 30 年,大数据驱动下的个性化定制服务将越来越成熟,随着第五代移动通讯技术(5th-Generation,5G)通信技术,甚至第六代移动通讯技术(6th-Generation,6G)通信技术的发展,数据传输不会构成性能瓶颈。但是人类需要的不仅仅是大数据的简单查询,更多的是利用大数据提供服务。

在众多大数据服务中,最引人注意的是保存在各个科研机构图书馆的科技资源服务数据,国家科学技术部对此也发布了相关的指南并给予支持。

1.2 本书解决的问题

根据国家科学技术部为落实《国家中长期科学和技术发展规划纲要(2006—2020 年)》《国家创新驱动发展战略纲要》《国务院关于积极推进“互联网+”行动的指导意见》《国务院关于加快科技服务业发展的若干意见》《国家文化科技创新工程纲要》等提出的任务,国家

---

① Veronika Abramova,Jorge Bernardino.NoSQL databases: MongoDB vs Cassandra[J].Proceedings of the International C * Conference on Computer Science and Software Engineering. ACM, 2013.

② Vora Mehul Nalin. Hadoop-HBase for Large-Scale Data[J].2011 International Conference on Computer Science and Network Technology(ICCSNT), 2011,1.

③ Holzschuher Florian, René Peinl. Performance of Graph Query Languages: Comparison of Cypher, Gremlin and Native Access in Neo4j[J].Proceedings of the Joint EDBT/ICDT 2013 Workshops. ACM, 2013.

④ Carlson Josiah L. Redis in Action[J]. Manning Publications Co., 2013.

⑤ Al-Khalifa Shurug Cong Yu, H V Jagadish. Querying Structured Text in an XML Database [J]. Proceedings of the 2003 ACM SIGMOD International Conference on Management of Data. ACM, 2003.

⑥ Gormley Clinton,Zachary Tong. Elasticsearch: The Definitive Guide: A Distributed Real-Time Search and Analytics Engine[J].O'Reilly Media, Inc., 2015.

⑦ LeCun Yann Yoshua Bengio, Geoffrey Hinton.Deep Learning[J]. Nature 2015(521): 436.

⑧ Abadi Martín et al. Tensorflow: A System for Large-Scale Machine Learning[J].OSDI,2016,16.

重点研发计划启动实施“现代服务业共性关键技术研发及应用示范”重点专项，并于2018年9月14日发布了《“现代服务业共性关键技术研发及应用示范”重点专项2018年度项目申报指南》（以下简称《指南》）。

《指南》“服务关键核心技术”中的“科技服务协同技术及平台研发（共性关键技术类）”为本研究指明了方向。《指南》指出：“研究跨平台科技资源与服务协同技术包括典型行业服务及资源模型与标准、跨平台服务业务流程及优化技术、跨平台服务描述/服务发现/服务选择/服务组合技术、大数据驱动的个性化定制服务以及服务价值链协同技术。”

本书所要解决的问题为《指南》“科技服务协同技术及平台研发”中的“大数据驱动的个性化定制服务”，主要针对图书馆管理的海量科技大数据，比如这些科技数据具备的行业新特性。

①海量异构数据源。在科技服务中，科技工作者申请一份专利，需要查询全球的专利数据库，如美国专利局、欧洲专利局、日本专利局和中国知识产权局。这些数据来自不同国家，数据语言、数据存储格式不同。海量的异构数据不适合进行结构化数据管理，比如MySQL单表存储容量上限仅仅为4GB。

②异构数据源的协同服务。发表专利不仅要查询海量异构数据，还要和其他数据进行协同，如专利查重需要和公开发表的论文进行对比，而论文专利的格式完全不同。常见的异构数据源协同一般采用无模式（Schemaless）的可扩展标记语言（Extensible Markup Language，XML）或者对象简谱（Java Script Object Notation，JSON）作为中间数据交换，而科技数据本身协同一般有行业文献管理格式，如RIS格式①，是具备科技数据行业特点的格式。科技数据经常需要和历史数据打交道，但是历史数据的管理系统和最新的系统不兼容，缺乏有效的集成开发环境（Integrated Development Environment，IDE）管理。目前在其他领域有微服务（Microservice）环境的成熟解决方案，如Docker②，但是专门针对科技数据服务行业的成熟解决方案却很少。

③数据的高频查询特点。科技数据服务，如查询论文，需要保持高频率的查询，以防止创新点失效。例如，通过SQL进行查询，SQL存储采用的是B树，而索引主要是B+树（如MyISAM索引）和B*树（如InnoDB索引），树的查询速度是0（log（N））。SQL查询中，关联表太多会导致查询速度极慢。另一方面，NoSQL中部分类别数据库采用哈希查询，查询速度是0（1），但是此种模式不支持范围查询和排序，同时，大多数NoSQL不支持定式查询，如不支持CRON表达式③；

① RIS(file format).Wikipedia [DB/OL].(2018-08-03)[2019-02-02].

② Boettiger Carl.An Introduction to Docker for Reproducible Research[J].ACM SIGOPS Operating Systems Review,2015,49(1): 71-79.Bernstein David.Containers and Cloud: From lxc to Docker to Kubernetes[J].IEEE Cloud Computing,2014(3): 81-84.Anderson Charles.Docker [Software Engineering][J].IEEE Software,2015,32(3):102-103.

③ Lenz Moritz.Silent-Cron, a Cron Wrapper[J]. Perl 6 Fundamentals. Apress, Berkeley, CA, 2017:43-59.

④数据的深度分析。科技工作者使用科技数据往往要进行全文反复阅读,不会只停留在元数据的分析上,深度分析,如分析科技专利,需要反复地人机交互和询问专家①,并且还会根据过去几十年的论文数据去判断未来科研的方向②,或者根据当下的专利数据分析当下科技成果的转移情况③。但采用半结构化数据管理,如 NoSQL,因为数据缺乏统一的模式(Schema),往往会带来分析的不便。同时,NoSQL 分析数据需要编写代码,对非计算机专业的科技工作者来说,会带来使用难度。

⑤数据权限管理。科技数据往往来自不同实验室,因为不同实验室之间需要交换数据,但是各个实验室之间缺乏有效的互联互通,有效的数据权限管理机制缺乏导致很多实验室进行重复研究。

⑥个性化定制服务。科技数据的使用者每天使用大量的科技数据,缺乏个性化定制很难有效地管理数据。目前处理结构化数据的 SQL 和处理非结构化数据的 NoSQL,往往不是针对科技数据行业的,比如 SQL 通常采用正整数标识符作为主键,NoSQL 通常采用通用唯一识别码(Universally Unique Identifier,UUID)标识符作为主键。但在科技行业中,发表论文的唯一标识符的通用标准为 DOI④ 标准或者 Handle⑤ 标准。科技数据可以采用数字对象唯一标识符(Digital Object Unique Identifer,DOI)作为主键。因此,如果进行个性化定制,相关服务供应商需要编写大量程序代码。

基于以上国内外研究的不足,本书研究“大数据时代图书馆信息系统的系统分析与设计”,基于编译原理技术⑥,提出一种新的数据查询语言,该查询语言基于新的扩充巴科斯-瑙尔范式(ABNF)⑦,专门针对科技服务大数据。同时,为了提高项目的稳定性和扩展性,基于微服务(Microservice)的系统架构,开发了扩展程序。

根据中国科学技术协会的相关统计,中国有 1 亿名科研工作者,这些科研工作者日常需要和图书馆中的科研大数据打交道,本书通过优化图书馆信息系统,提高科研工作者使用科研数据的便利性和使用效率,服务中国的科研工作者。

---

① BUBELA T, GOLD E R, GRAFF G D, et al. Patent Landscaping for Life Sciences Innovation:Toward Consistent and Transparent Practices[J]. Nature Biotechnology, 2013, 31(3):202-206.

② MUKHERJEE S, ROMERO D M, JONES B, et al. The Nearly Universal Link between the Age of Past Knowledge and Tomorrow's Breakthroughs in Science and Technology:the Hotspot[J]. Science Advances, 2017, 3(4):e1601315.

③ PADMANABHAN S, AMIN T, SAMPAT B, et al. Intellectual Property, Technology Transfer and Manufacture of Low-cost HPV Vaccines in India[J]. Nature Biotechnology, 2010, 28(7):671-678.

④ Paskin Norman.Digital Object Identifier(DOI ®) System[J].Encyclopedia of Library and Information Sciences 2010(3): 1586-1592.

⑤ Sun Sam Larry Lannom,Brian Boesch. Handle System Overview[Z]. No. RFC 3650,2003.

⑥ Parr T.The Definitive ANTLR 4 Reference, Oreilly and Associate Series, Pragmatic Programmers, LLC, 2013.

⑦ Crocker Dave,Paul Overell. Augmented BNF for Syntax Specifications: ABNF[Z]. No. RFC 5234, 2008.

1.3 研究内容

本书针对科技服务大数据驱动的个性化定制服务，其研究内容主要包括以下几方面。

①数据存储技术，具体包含单机存储技术和分布式存储技术。单机存储技术主要研究存储过程的读写速度。分布式存储技术主要研究网络环境下多服务器之间的数据寻址，并且在数据存储技术研究过程中要紧密结合科技数据的特点。

②数据维护语言解释器技术，具体包含词法研究、语法研究、语义研究。词法研究主要针对个性化定制服务中的数据操作研究词法规则的设计。语法研究主要根据个性化定制服务中的不同模块和不同数据，从可扩展性、可维护性角度研究语法规则的设计。语义研究指根据科技数据个性化过程中不同的模块和接口，从执行速度、扩展性、操作体验研究语义规则的设计。

③数据维护语言代码执行技术，具体包含数据关键词查询技术、数据过滤查询技术、数据范围查询技术、数据排序技术和数据更新技术。数据关键词查询技术主要结合科技服务数据的特点，研究如何快速查询，同时研究性能瓶颈。数据过滤查询技术主要结合个性化定制服务的特点，研究过滤技术的算法。数据范围查询技术和数据排序技术主要结合科技数据的特点，从性能和可用性角度，设计查询算法和排序算法。数据更新技术主要考虑在单机存储和分布式存储等不同存储环境下，如何进行适配和性能优化。

④数据权限管理技术，具体包含单机权限管理技术和远程权限管理技术。单机权限管理技术主要研究本机和远程服务器的安全授权机制。远程权限管理技术主要研究不同数据服务商之间如何协作，并在为用户提供个性化定制服务过程中防止数据失控。

本书拟解决的问题主要包括以下关键科学问题。

①大数据时代图书馆信息系统的系统架构分析。针对科技服务海量数据的特点，研究新的数据存储系统和架构，研究数据的性能瓶颈，同时和旧系统兼容。通过研究数据存储原理、数据查询过程的机制，在不降低数据查询性能的前提下，基于微服务系统的架构，以期提高个性化定制的扩展效率。

②大数据时代图书馆信息系统的查询语言设计。针对个性化定制服务的需求，研究新的数据维护语言算法。针对科研工作者个性化定制服务的特点，研究数据维护语言的扩展机制。通过研究科技服务大数据的数据特点和服务机制、数据使用过程中的生命周期，基于研究数据查询语言的编译原理，设计新的领域特定语言(Domain Specific Language，DSL)，以期提高个性化定制的使用体验和查询效率。

③大数据时代图书馆信息系统的共享安全问题。安全问题既包含信息系统的程序安全，又包含共享过程中的知识产权安全。通过研究共享过程中科技大数据(主要是学术论文的文献数据)的访问机制，基于区块链技术和浏览器扩展技术设计相关程序，以期达到不同角色的使用方便和共享安全。

④大数据时代图书馆信息系统的可视化分析。利用图书馆信息系统导出的数据进行元分析，来进行学科预测等服务。图书馆信息系统并不是孤立的系统，和第三方工具进行整合才能更好地服务科研工作者。对图书馆信息系统设计导出数据接口，通过接口，使导出的数

据能够被常用的情报分析与计量工具直接使用，这些计量工具包括 CiteSpace①、VOSViewer② 等。同时，还基于长尾理论，通过数据库跨库对比，研究图书馆数据的长尾关键词分布。

另外，本书还研究了最近三年（2018—2020 年）国外流行的 FOLIO 系统，研究了 FOLIO 系统的架构，发现采用 FOLIO 系统后能更好地管理图书馆的信息。

本书分为 4 个子任务进行研究，主要的研究方法和技术路线如下。

子任务①：大数据时代图书馆信息系统的系统架构。

步骤 1：根据科技服务数据的特点，设计单机存储系统，通过不断的数据分层技术，实现单机的图书馆信息系统的架构。

步骤 2：利用微服务架构进行多数据节点的管理，设计微服务的通信技术，保证图书馆信息系统维护的可扩展性、信息服务的容错性。

子任务②：大数据时代图书馆信息系统的查询语言。

步骤 1：根据编译原理设计词法规则，借鉴结构化查询语言的词法规则进行扩展，设计新的数据领域语言。

步骤 2：根据编译原理设计语法规则，考虑半结构化数据的处理机制及非结构化数据处理模型的整合，同时考虑个性化需求的扩展性，在语法层进行扩展机制设计。

步骤 3：根据编译原理设计语义规则，考虑语义执行的性能，面对不断增长和变化的个性化需求，考虑语义执行时的版本兼容性问题。

子任务③：大数据时代图书馆信息系统的共享机制。

步骤 1：从知识产权保护和技术实现角度研究国外同行的共享机制。

步骤 2：参考行业研究成果，基于区块链技术开发相关程序，进行技术实践。

步骤 3：参考行业研究成果，基于浏览器技术开发相关程序，进行技术实践。

子任务④：大数据时代图书馆信息系统的数可视化分析实践。

步骤 1：利用本系统数据接口导出的数据，通过整合第三方科学计量工具，即 VOSViewer，进行情报学领域的学科分析实践。

步骤 2：利用本系统数据接口导出的数据，基于 t-SNE 算法，对“双一流”大学自然科学基金的数据进行可视化分析建模实践。

步骤 3：利用南京大学 CSSCI 数据库和知网 CNKI 数据库进行跨库对比研究，基于长尾理论，研究图书馆关键词的分布。

---

① http://cluster.ischool.drexel.edu/~cchen/citespace/.

② https://www.vosviewer.com/.

2　大数据时代图书馆信息系统的系统架构

2.1　图书馆信息系统的需求用例分析

2.1.1　领域热点分析需求用例

领域热点分析需求模块主要包含以下用例(Use Case),如图 2-1 所示。

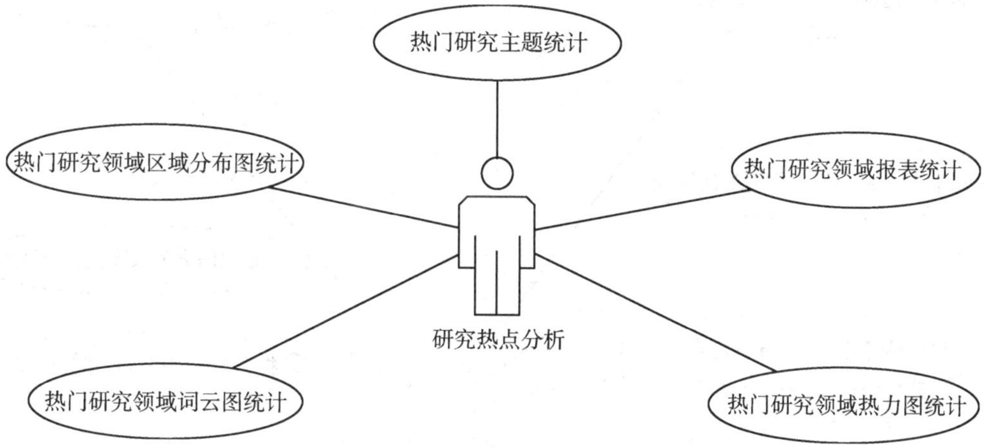

图 2-1　领域热点分析需求用例图

上述用例图主要包含以下用例。

①热门研究主题统计。该模块的主要功能是为用户提供热门研究领域关键词统计分析。目前,该模块根据用户选择的学科领域,由查询系统提前计算好该学科领域研究热点的关键词列表,更好地满足用户跟踪该学科的研究热点方向。

②热门研究领域报表统计。该模块的主要功能是为用户提供研究热点发现与分析。用户在使用本数据库系统的时候,通过系统的导航功能,根据系统的提示信息,输入相关的数据,查询分析数据库,得到研究热点的分析汇总结果。科研热点的分析汇总结果可以以多种形式向用户进行展示。

③热门研究领域热力图统计。该模块的主要功能是以热力图的形式,为用户提供热门研究领域关键词统计分析。用户在上述系统的输入部分选择学科或者关键词进行输入后,根据

输入的相关数据,查询分析数据库,以热力图的形式将统计结果输出呈现给用户。热力图呈现的是研究主题与研究热门程度的映射关系。

④热门研究领域区域分布图统计。该模块的主要功能是为用户提供热门研究领域关键词区域统计分析。目前,该模块根据用户在上述系统的输入部分选择学科或者关键词进行输入后,根据用户输入的相关数据,查询分析数据库,以地域分布图的形式将统计结果输出呈现给用户。地域分布图呈现的是研究主题与研究地区分布的映射关系。

⑤热门研究领域词云图统计。该模块的主要功能是为用户提供热门研究领域关键词统计分析。目前,该模块根据用户在上述系统的输入部分选择学科或者关键词进行输入后,根据用户输入的相关数据,查询分析数据库,以词云图的形式将统计结果输出呈现给用户。词云图呈现的是研究主题关键词和热门高频词汇的一种混合动态,给用户直观的视觉感受。

2.1.2 科研竞争力分析需求用例

科研竞争力分析需求模块主要包含以下用例,如图 2-2 所示。

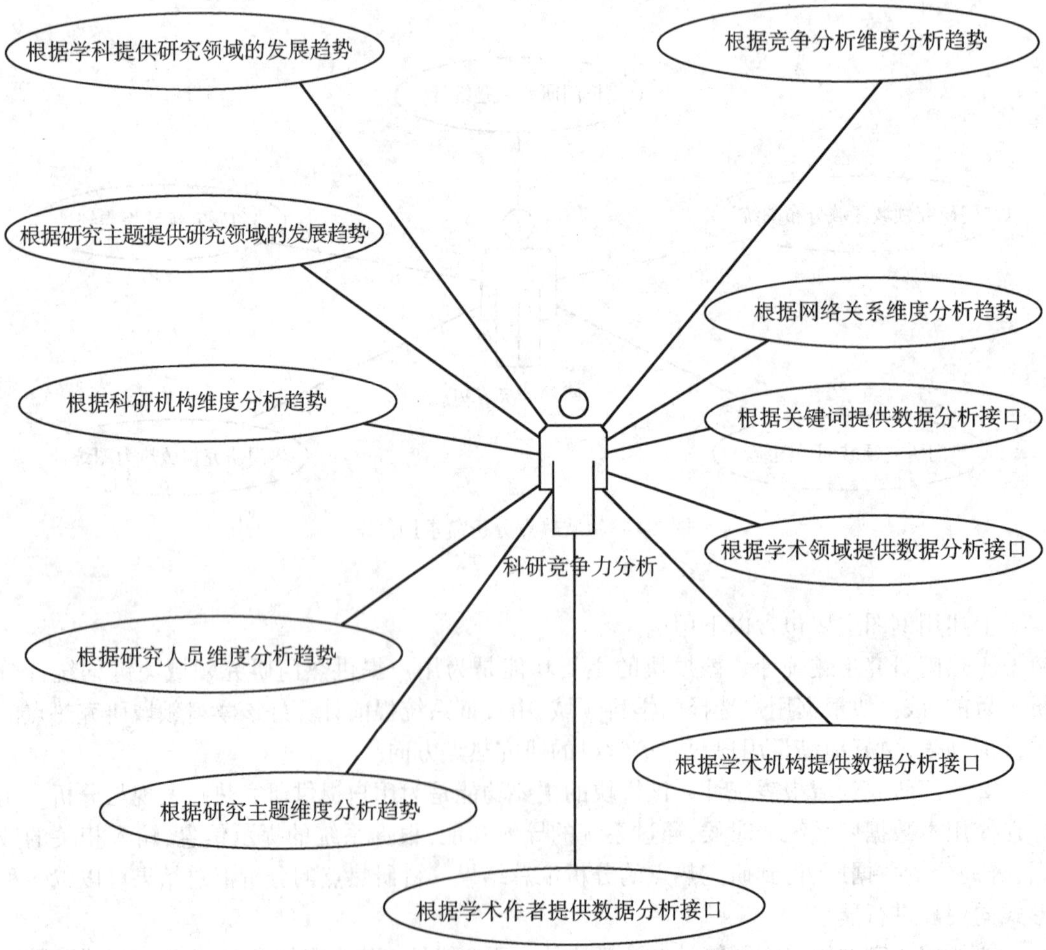

图 2-2 科研竞争力分析需求用例图

上述用例图主要包含以下用例。

①根据学科提供研究领域的发展趋势。该模块的主要功能是为用户提供研究趋势的统计分析。目前,该模块根据用户选择的学科领域,输入提前计算好的该学科字典作为关键词,系统在后台使用 SQL 分析与查询数据库,查询的论文结果数据集以数据报表的形式返给用户。

②根据研究主题提供研究领域的发展趋势。该模块的主要功能是为用户提供不同研究主题研究领域的发展趋势。目前,该模块根据用户选择的研究主题,输入提前计算好的主题列表作为关键词,系统在后台使用 SQL 分析与查询数据库,查询的论文结果数据集以数据报表的形式返给用户。

③根据科研机构维度分析趋势。该模块的主要功能是为用户提供基于研究机构数据的统计分析。目前,该模块根据用户选择的科研机构,输入提前计算好的科研机构作为关键词,系统在后台使用 SQL 分析与查询数据库,查询的论文结果数据集以数据报表的形式返给用户。

④根据研究人员维度分析趋势。该模块的主要功能是为用户提供基于研究人员数据的统计分析。目前,该模块根据用户选择的研究人员,输入提前计算好的研究人员作为关键词,系统在后台使用 SQL 分析与查询数据库,查询的论文结果数据集以数据报表的形式返给用户。

⑤根据研究主题维度分析趋势。该模块的主要功能是为用户提供基于研究主题数据的统计分析。目前,该模块根据用户选择的科研主题,输入提前计算好的科研主题作为关键词,系统在后台使用 SQL 分析与查询数据库,查询的论文结果数据集以数据报表的形式返给用户。

⑥根据竞争分析维度分析趋势。该模块的主要功能是为用户提供基于竞争分析数据的统计分析。目前,该模块根据用户选择的需要对比分析的研究人员,输入提前计算好的研究人员作为关键词,系统在后台使用 SQL 分析与查询数据库,查询的论文结果数据集以数据报表的形式返给用户。

⑦根据网络关系维度分析趋势。该模块的主要功能为用户提供基于网络关系分析数据的统计分析。目前,该模块根据用户选择的需要对比分析关系网络的研究人员,输入提前计算好的研究人员作为关键词,系统在后台使用 SQL 分析与查询数据库,查询的论文结果数据集以数据报表的形式返给用户。

⑧根据关键词提供数据分析接口。该模块的主要功能是为用户提供基于关键词统计分析的接口。目前,该模块根据用户选择查询的关键词,系统在后台使用 SQL 查询数据库中的关联论文数据,查询的论文结果数据集以 CSV 等格式文件返回结果集,提供给用户下载。

⑨根据学术领域提供数据分析接口。该模块的主要功能为用户提供基于学科领域统计分析的接口。目前,该模块根据用户选择查询的领域关键词,系统在后台使用 SQL 查询数据库中的关联论文数据,查询的论文结果数据集以 CSV 等格式文件返回结果集,提供给用户下载。

⑩根据学术机构提供数据分析接口。该模块的主要功能是为用户提供基于学术机构关键词统计分析的接口。目前,该模块根据用户选择查询的学术机构关键词,系统在后台使用SQL查询数据库中的关联论文数据,查询的论文结果数据集以CSV等格式文件返回结果集,提供给用户下载。

⑪根据学术作者提供数据分析接口。该模块的主要功能是为用户提供基于学术作者关键词统计分析的接口。目前,该模块根据用户选择查询的作者关键词,系统在后台使用SQL查询数据库中的关联论文数据,查询的论文结果数据集以CSV等格式文件返回结果集,提供给用户下载。

2.1.3 学术产出分析需求用例

学术产出分析需求模块主要包含以下用例,如图2-3所示。

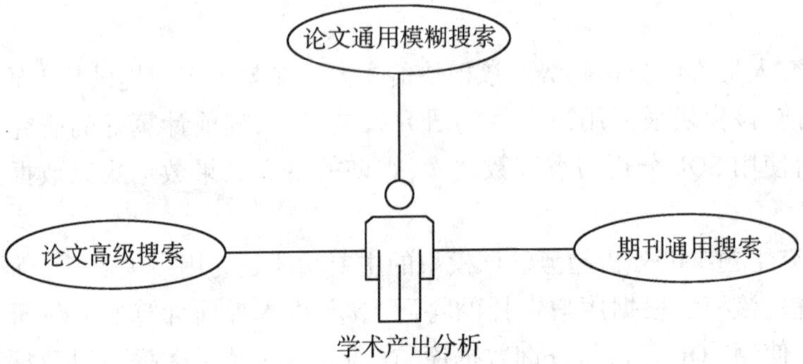

图2-3 学术产出分析需求用例图

上述用例图主要包含以下用例。

①论文通用模糊搜索功能。该模块中,用户在使用学术产出数据库时,首先在系统中对应的论文搜索功能模块处,输入查询的搜索关键词,确认提交后,系统会在后台数据库中检索海量的与所选择关键词相关的论文数据,通过计算以及汇总,分析得到与所选相关的论文数据集结果。搜索结果中将高亮显示查询得到的论文标题中包含的关键词。后台搜索将使用Sphinx搜索引擎作为底层服务。

②论文高级搜索功能。该模块中,用户在使用学术产出数据库时,首先在系统中对应的论文搜索功能模块处,输入查询的高级搜索表达式,确认提交后,系统会在后台数据库中检索海量的所选择表达式,查询对应的论文数据,通过计算以及汇总,分析得到与所选相关的论文数据集结果。搜索结果中将高亮显示查询得到的论文元数据中包含的关键词。后台搜索将使用Sphinx搜索引擎作为底层服务。

③期刊通用搜索功能。该模块中,用户在使用学术产出数据库时,首先在系统中对应的期刊搜索功能模块处,输入查询的搜索关键词,确认提交后,系统会在后台数据库中检索海量的与所选择关键词相关的期刊数据,通过计算以及汇总,分析得到与所选相关的期刊数据集结果。搜索结果中将高亮显示查询得到的期刊名称中包含的关键词。后台搜索将使用

Sphinx 搜索引擎作为底层服务。

2.1.4　图书信息数据集成需求用例

图书信息数据集成需求模块主要包含以下用例,如图 2-4 所示。

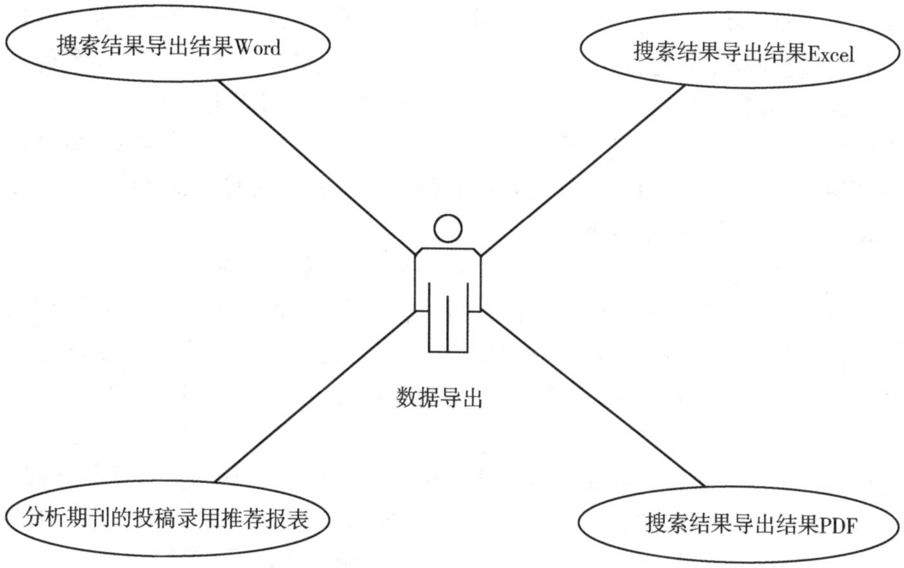

图 2-4　图书信息数据集成的需求用例图

上述用例图主要包含以下用例。

①搜索结果导出结果 Excel。该模块的主要功能是为用户提供搜索论文结果数据集导出为 Excel 格式。根据用户选择查询的关键词,该模块系统在后台使用 SQL 查询数据库中的关联论文数据,查询的论文结果数据集以 Excel 格式返回结果集,提供给用户下载。

②搜索结果导出结果 PDF。该模块的主要功能是为用户提供搜索论文结果数据集导出为 PDF 格式。根据用户选择查询的关键词,该模块系统在后台使用 SQL 查询数据库中的关联论文数据,查询的论文结果数据集以 PDF 格式返回结果集,提供给用户下载。

③搜索结果导出结果 Word。该模块的主要功能是为用户提供搜索论文结果数据集导出为 Word 格式。目前,根据用户选择查询的关键词,该模块系统在后台使用 SQL 查询数据库中的关联论文数据,查询的论文结果数据集以 Word 格式返回结果集,提供给用户下载。

④分析期刊的投稿录用推荐报表。该模块的主要功能是为用户提供搜索论文和期刊的结果数据集导出影响因子报表。目前,根据用户选择查询的关键词,该模块系统在后台使用 SQL 查询数据库中的关联论文和期刊数据,查询的论文和期刊以及影响因子结果数据集以报表的形式返回结果集,提供给用户查看使用。

2.2 图书馆信息系统的数据流程分析

2.2.1 领域热点的数据流程分析

领域热点分析数据库为用户提供研究热点发现与分析的功能。用户在使用数据库系统的时候,通过系统的导航功能,根据系统的提示信息,输入相关的数据,可以得到研究热点的分析汇总结果。科研热点的分析汇总结果可以以多种形式向用户进行展示。

从系统需要用户输入的信息来看,用户输入有2种使用场景,分别是以学科名称为关键词的热点领域发现功能和以研究课题的热门高频词汇为关键词的热点领域发现功能。

系统输入的数据描述包括以下内容。

①按照学科划分作为使用系统输入。用户在使用领域热点分析数据库时,首先在系统中选择已经预设好的学科分类,然后选择子学科分类,学科和子学科信息确认提交后,系统会在后台数据库中检索海量的所选择学科的论文数据,通过计算以及汇总,分析得到所选学科研究热点的结果。输入选择的学科以及子学科的样例数据如学科:医疗卫生科技;子学科:肿瘤学。

②按照热门词汇划分作为使用系统输入。用户在使用领域热点分析数据库时,首先在系统中选择系统计算预制好的关键词作为输入,比如用户可以选择“人工智能”“基因编辑”“大数据”等关键词,系统会在后台数据库中检索海量的与所选择关键词相关联的论文数据,通过计算以及汇总,分析得到与所选关键词相关联的研究热点的结果。

从系统发现结果呈现给用户的展现形式来看,系统输出有4种展现场景,分别是分析结果以统计报表、热力图、区域分布图、词语的可视化形式输出。

系统输出的数据描述包括以下内容。

①使用统计报表模式输出用户查询结果。用户在上述系统的输入部分选择学科或者关键词进行输入后,得到的统计结果将以表格的形式输出呈现给用户。其中可以包含的显示字段包括学科、子学科、期刊名称、出版单位、学校、科研单位、研究人员、研究主题、时间等。

②使用热力图模式输出用户查询结果。用户在上述系统的输入部分选择学科或者关键词进行输入后,得到的统计结果将以热力图的形式输出呈现给用户。热力图呈现的是研究主题与研究热门程度的映射关系。

③使用区域分布图模式输出用户查询结果。用户在上述系统的输入部分选择学科或者关键词进行输入后,得到的统计结果将以地域分布图的形式输出呈现给用户。地域分布图呈现的是研究主题与研究地区分布的映射关系。

④使用词云图模式输出用户查询结果。用户在上述系统的输入部分选择学科或者关键词进行输入后,得到的统计结果将以词云图的形式输出呈现给用户。词云图呈现的是研究主题关键词和热门高频词汇的一种混合动态,以可视代形式给用户直观的视觉感受。

2.2.2 科研竞争力的数据流程分析

科研竞争力分析数据库为用户提供研究趋势发现与分析的功能。用户在使用本数据库系统的时候,通过系统的导航功能,根据系统的提示信息输入相关数据,可以得到研究趋势的分析汇总结果。研究趋势的分析汇总结果可以以多种形式向用户进行展示。

从系统需要用户输入的信息来看,用户输入有7种使用场景,分别是以学科名称、研究课题的热门高频词汇、研究机构、科研人员、研究主题、竞争分析、网络关系作为选择输入的趋势发现功能。

系统输入的数据描述包括以下内容。

①以学科名称作为使用系统输入。用户在使用科研竞争力分析数据库时,首先在系统中选择已经预设好的学科分类,然后选择子学科分类,学科和子学科信息确认提交后,系统会在后台数据库中检索海量的所选择学科的论文数据,通过计算以及汇总,分析得到所选学科研究趋势的结果。输入选择的学科以及子学科的示例数据如学科:医疗卫生科技;子学科:肿瘤学。

②以热门研究课题作为使用系统输入。用户在使用科研竞争力分析数据库时,首先在系统中选择系统计算预制好的关键词作为输入,比如"人工智能""基因编辑""大数据"等关键词,系统会在后台数据库中检索海量的与所选择关键词相关联的论文数据,通过计算以及汇总,分析得到所选课题研究趋势的结果。

③以研究机构作为使用系统输入。用户在使用科研竞争力分析数据库时,首先在系统中选择系统计算预制好的研究机构作为输入,比如"中科院""清华大学""南京大学人工智能研究院"等关键词,系统会在后台数据库中检索海量的与所选择关键词相关联的论文数据,通过计算以及汇总,分析得到与所选机构相关的研究趋势的结果。

④以研究人员作为使用系统输入。用户在使用领域热点分析数据库时,首先在系统中选择系统计算预制好的研究人员作为输入,比如"袁隆平"等关键词,系统会在后台数据库中检索海量的与所选择关键词相关联的论文数据,通过计算以及汇总,分析得到与所选人员相关的研究趋势的结果。

⑤以研究主题作为使用系统输入。用户在使用领域热点分析数据库时,首先在系统中选择系统计算预制好的研究主题作为输入,比如"人工智能""基因编辑""大数据"等关键词,系统会在后台数据库中检索海量的与所选择关键词相关联的论文数据,通过计算以及汇总,分析得到与所选主题相关的研究趋势的结果。

⑥以竞争分析作为使用系统输入。用户在使用领域热点分析数据库时,首先在系统中选择系统计算预制好的竞争趋势作为输入,系统会在后台数据库中检索海量的与所选择关键词相关联的论文数据,通过计算以及汇总,分析得到与所选关键词相关的研究趋势的结果。

⑦以网络关系作为使用系统输入。用户在使用领域热点分析数据库时,首先在系统中选择系统计算预制好的网络关系作为输入,系统会在后台数据库中检索海量的与所选择关键词相关联的论文数据,通过计算以及汇总,分析得到与所选网络关系相关的研究趋势的结果。

从系统结果呈现给用户的展现形式来看,系统输出有2种展现场景,分别是将分析结果以统计报表的可视化形式输出和提供返回逗号分隔值(Comma-Separated Values,CSV)数据接口的形式输出。

系统输出的数据描述包括以下内容。

①使用统计报表模式输出用户查询结果。用户在上述系统的输入部分选择学科或者关键词进行输入后,得到的统计结果将以表格的形式输出呈现给用户。其中可以包含的显示字段包括学科、子学科、期刊名称、出版单位、学校、科研单位、研究人员、研究主题、时间等。

②使用 CSV 数据接口输出用户查询结果。用户在上述系统的输入部分选择学科或者关键词进行输入后,得到的统计结果将以 CSV 表格的形式输出呈现给用户。用户基于 CSV 表格可以进行进一步自主分析。

2.2.3 学术产出的数据流程分析

学术产出数据库为用户提供研究学术论文发现、学术期刊发现功能。用户在使用本数据库系统的时候,通过系统的导航功能,根据系统的提示信息输入相关数据,可以得到用户希望查找的论文或者期刊。学术产出分析结果可以以多种形式向用户进行展示。

从系统需要用户输入的信息来看,用户输入有 3 种使用场景,分别是以关键词模糊搜索的论文分析搜索功能、以表达式高级搜索语法查询的论文高级搜索功能、以关键词模糊搜索的期刊分析搜索功能。

系统输入的数据描述包括以下内容。

①以关键词模糊搜索的论文分析搜索功能。用户在使用学术产出数据库时,首先在系统中对应的论文搜索功能模块处,输入查询的关键词,确认提交后,系统会在后台数据库中检索海量的所选择学科的论文数据,通过计算以及汇总,分析得到与所选关键词相关的论文数据集结果。输入选择的查询关键词如人工智能。

②以表达式高级搜索语法查询的论文高级搜索功能。用户在使用学术产出数据库时,首先在系统中对应的论文搜索功能模块处,输入查询的高级查询表达式关键词,确认提交后,系统会在后台数据库中检索海量的所选择学科的论文数据,通过计算以及汇总,分析得到与所选关键词相关的论文数据集结果。输入选择的查询高级表达式关键词如 title:人工智能;journal:计算机学报。

③以关键词模糊搜索的期刊分析搜索功能。用户在使用学术产出数据库时,首先在系统中对应的期刊搜索功能模块处,输入查询的关键词,确认提交后,系统会在后台数据库中检索海量的所选择学科的期刊信息数据,通过计算以及汇总,分析得到与所选关键词相关的期刊数据集结果。输入选择的查询关键词如计算机学报。

从系统发现结果呈现给用户的展现形式来看,系统输出有 2 种展现场景:一是,将论文查询结果以结果列表形式,按照相关度排序,分页显示给用户,其中,用户输入的关键词会在论文标题或者论文元数据中高亮显示;二是,将期刊查询结果以结果列表形式,按照相关度排序,分页显示给用户,其中,用户输入的关键词会在期刊标题或者期刊元数据中高亮显示。

系统输出的数据描述包括以下内容。

①论文查询结果的列表形式。用户在上述系统的输入部分选择论文查询关键词或者查询表达式进行输入后,得到的统计结果将以表格的形式输出呈现给用户。其中可以包含的显示字段包括论文标题、作者、单位、期刊、期刊年、期刊卷、期刊期、DOI、关键词、摘要、基金信息、页码等。

②期刊查询结果的列表形式。用户在上述系统的输入部分选择期刊查询关键词或者查

询表达式进行输入后,得到的统计结果将以表格的形式输出呈现给用户。其中可以包含的显示字段包括期刊名、英文名、主办单位、出版周期、学科、子学科、出版地、影响因子、检索类型等。

2.2.4 高级数据接口服务的数据分析

高级数据接口服务系统在学术产出分析数据库的基础上为用户提供研究学术论文发现、学术期刊发现功能,并实现数据的导出。用户在使用高级数据接口服务的时候,通过系统的导航功能,根据系统的提示信息输入相关数据,可以得到希望查找的论文或者期刊,并选择将数据结果集以不同的形式导出。其分析结果可以以多种格式导出。

从系统需要用户输入的信息来看,用户输入有 3 种使用场景,分别是以关键词模糊搜索的论文分析搜索功能、以表达式高级搜索语法查询的论文高级搜索功能、以关键词模糊搜索的期刊分析搜索功能。

系统输入的数据描述包括以下内容。

①以关键词模糊搜索的论文分析搜索功能。用户在使用学术产出数据库时,首先在系统中对应的论文搜索功能模块处,输入查询的关键词,确认提交后,系统会在后台数据库中检索海量的所选择学科的论文数据,通过计算以及汇总,分析得到与所选关键词相关的论文数据集结果。用户选择将结果集以 PDF、Word、Excel 的格式导出存储。输入选择的查询关键词如人工智能。然后,将结果集选择“另存为”Excel 等格式进行下载。

②以表达式高级搜索语法查询的论文高级搜索功能。用户在使用学术产出数据库时,首先在系统中对应的论文搜索功能模块处,输入查询的高级查询表达式关键词,确认提交后,系统会在后台数据库中检索海量的所选择学科的论文数据,通过计算以及汇总,分析得到与所选关键词相关的论文数据集结果。用户选择将结果集以 PDF、Word、Excel 的格式导出存储。输入选择的查询高级表达式关键词如 title:人工智能;journal:计算机学报。然后,将结果集选择“另存为”Excel 等格式进行下载。

③以关键词模糊搜索的期刊分析搜索功能。用户在使用学术产出数据库时,首先在系统中对应的期刊搜索功能模块处,输入查询的关键词,确认提交后,系统会在后台数据库中检索海量的所选择学科的期刊信息数据,通过计算以及汇总,分析得到与所选关键词相关的期刊数据集结果。用户选择将结果集以 PDF、Word、Excel 的格式导出存储。输入选择的查询关键词如计算机学报。然后,将结果集选择“另存为”Excel 等格式进行下载。

从系统发现结果呈现给用户的展现形式来看,系统输出有 3 种展现场景。一是,将论文查询结果以结果列表形式,按照相关度排序,分页结果显示给用户。然后向用户提供以 PDF、Word、Excel 格式导出存储。二是,将期刊查询结果以结果列表形式,按照相关度排序,分页数据的结果显示给用户。然后向用户提供以 PDF、Word、Excel 格式导出存储。三是,将期刊查询结果按照影响因子等因素排序后,按照相关度排序,然后将投稿推荐期刊列表以 Excel 格式导出存储。

系统输出的数据描述包括以下内容。

①论文查询结果导出文件。用户在上述系统的输入部分选择论文查询关键词或者查询表达式进行输入后,得到的统计结果将以表格的形式输出呈现给用户。其中可以包含的显

示字段包括论文标题、作者、单位、期刊、期刊年、期刊卷、期刊期、DOI、关键词、摘要、基金信息、页码等。用户选择将结果集以 PDF、Word、Excel 的格式导出存储。

②期刊查询结果导出文件。用户在上述系统的输入部分选择期刊查询关键词或者查询表达式进行输入后,得到的统计结果将以表格的形式输出呈现给用户。其中可以包含的显示字段包括期刊名、英文名、主办单位、出版周期、学科、子学科、出版地、影响因子、检索类型等。用户选择将结果集以 PDF、Word、Excel 的格式导出存储。

③期刊投稿推荐结果导出文件。用户在上述系统的输入部分选择期刊查询关键词或者查询表达式进行输入后,得到的统计结果将以表格的形式输出呈现给用户。分析得到所选相关的期刊影响因子,分析投稿优先级数据集合。用户选择将结果集以 PDF、Word、Excel 的格式导出存储。

2.3 图书馆信息系统的数据挖掘分析

2.3.1 图书馆信息系统的数据源分析

针对 2.1 节和 2.2 节的内容,本书在以下科研数据的基础上进行了大量的二次加工、人工整理,用于数据的可视化分析、关联分析、全景分析、技术预测。本书研究面向元数据的搜索,如果是开放授权论文(Open Access),则使用论文全文,专利数据使用全文。目前,本书研究的开放授权论文覆盖全球约 3500 家出版社、1.5 万种开源期刊,总量过亿的开放授权论文全文。本书实验的数据类别如下。

大学机构数据:来自教育部官方政策新闻的数据,经过人工整理并持续更新。数据收录中国全部大学,约 2631 所大学。

文献传递元数据:来自各个大学官方网站,并经过人工整理。数据收录中国全部大学图书馆,约 2631 所大学。

中国自然科学期刊元数据:来自各个杂志社网站,并经过人工整理。数据收录标准参考中国科学院中国科学引文数据库(CSCD)收录标准,约 1189 本期刊。

中国社会科学期刊元数据:来自各个杂志社网站,并经过人工整理。数据收录标准参考南京大学中文社会科学引文索引(CSSCI)收录标准,约 753 本期刊。

国外期刊元数据:来自 DOI 基金会的开放查询数据,并经过人工整理和补充加工。数据收录全球 56975 本期刊。

国内论文元数据:来自中国自然科学核心期刊元数据和中国社会科学核心期刊元数据的论文元数据,约 1942 本期刊对应的论文元数据。

国外论文元数据:来自 DOI 基金会的开放查询数据,并经过人工整理和补充加工。数据收录全球 56975 本期刊的 74574270 条论文元数据。

国内专利元数据:来自国家知识产权局旗下知识产权出版社的数据,然后将光盘压缩格式加工处理为可供人工阅读的数据,做了大量的数据清洗和人工数据加工。包含中国专利全库。专利数据包含全文数据和元数据。

国外专利元数据:来自国家知识产权局旗下知识产权出版社的数据,将光盘压缩格式加工处理为可供人工阅读的数据,做了大量的数据清洗和人工数据加工。目前,国外专利主要指美国专利,包含美国专利全文数据库。专利数据包含全文数据和元数据。

国内商标元数据:来自国内商标元数据,包含中国专利全库。

国外商标元数据:来自美国专利商标局(USPTO)的商标数据,并进行加工分析和检索,包含美国商标全文数据库。

全球学者元数据:来自开放研究者与贡献者身份组织(ORCID)的数据,ORCID 成立于 2012 年,是全球科研工作者身份标识符的标准,数据约 9988322 条。本书的数据在 ORCID 数据基础上进行了二次加工。

国内报纸元数据:覆盖了中国主流报纸约 900 种。

国内科技成果元数据:主要来自各个省科技厅的网站和国家自然科学基金委员会的网站,在相关数据上做了二次加工,用于数据的聚类分析和可视化分析。数据约 420475 条。

具体数据统计集合,见表 2-1。

表 2-1 图书馆信息系统数据源统计表

数据类型	说明	数据量
论文	SCI	74574270
论文	CSSCI	4079332
论文	CSCD	6026684
出版社	SCI	10659
期刊	SCI	56975
期刊	CSCD	1189
期刊	CSSCI	753
中国国家自然科学基金	研究机构	2754
中国国家自然科学基金	研究人员	240539
中国国家自然科学基金	基金项目	420475
中国国家自然科学基金	科研成果	8378125
中国国家自然科学基金	学科分类	3550
中国国家自然科学基金	资助项目分类	1139
美国专利	USPTO	3142731

2.3.2 图书馆信息系统的数据挖掘流程分析

在对表 2-1 的数据进行数据挖掘时,主要的数据挖掘流程包含以下步骤。

步骤一:结构化分析,确定分析数据源,进行数据提取。

步骤二:根据步骤一中的关键词进行词法清洗,然后根据领域知识进行数据提取。

步骤三:根据步骤二中的关键词进行语法分析,考虑到图书馆信息系统主要为科研数据,因此不能用标准的词库进行数据处理,为此,本书设计开发了一款类似结构化查询语言的特定领域数据语言,利用该领域语言对图书馆信息系统的数据进行数据挖掘。该领域语言同时也兼容结构化查询语言,关于该领域语言的完整语法见附录 A。

步骤四:根据语义进行元数据分析,建立数据分布,研究趋势。此时一般会导出数据,然后通过 CiteSpace、VOSViewer 等图书情报分析工具,或者利用 R-Studio、MATLAB 进行数据挖掘。本书主要基于 Apache Zeppelin 技术框架进行信息挖掘。Apache Zeppelin 底层也兼容 R-Studio 解释器。

2.4 图书馆信息系统的微服务架构研究

2.4.1 研究意义

2.1 节~2.3 节主要讨论数据层面,本节主要讨论服务层面。图书馆在管理海量文献时,为了更好地向读者提供信息服务、曝光馆藏文献,需要建立强大的图书馆信息系统。随着信息资源的不断增加,读者追求搜索效率的提高和服务体验的改进。虽然数据厂家均开发了自己的服务系统,但读者使用不同厂家的信息服务(如跨库检索)时很难,这其中的难点是数据共享。目前,图书馆信息系统主要基于 Web 服务(Webservice)架构,Web 服务是一种单体式架构(Monolithic)。本节尝试了最新的微服务(Microservice)架构,并对比了 Web 服务和微服务两种架构。通过对比,发现采用微服务架构的图书馆信息系统在可靠性上优于 Web 服务架构。采用微服务架构有利于提高图书馆信息系统的质量。

2.4.2 研究现状

图书馆在管理海量数据资源过程中,为了给读者提供数据资源服务,需要建立强大的跨库检索系统,尤其是现在身处大数据时代。目前,图书馆领域的跨库检索系统有国内和国外系统,国内系统如超星读秀、万方和知网,国外系统如 Google Scholar。这些产品解决的问题是图书馆信息系统的共享服务,如跨库检索服务。本节主要研究大数据时代下图书馆信息系统共享服务的优化。

本节研究的内容具有重要意义。丁遒劲等人指出:“在元数据管理体系滞后和全文资源服务版权受限的双重挑战下,图书情报机构在全文资源建设基础上,基于海量文献元数据资源开展知识发现服务,全面释放文献资源价值。”①董克指出:“大数据环境的发展要求情报学方法和技术具备处理海量数据和情报的能力。”②曹树金指出:“全面采集图书馆的大数据,构建各类图书馆业务模型和读者模型,为读者群体提供千人千面的精准化服务,满足读者差异化、个性化和定制化的服务需求,实现图书馆服务升级。”③苏新宁指出:“数字图书馆要跳出传统资源建设的框架,树立全方位服务的理念,提供全资源服务,拓展服务方式和传播形式,数字图书馆馆员应该立志成为数据分析家。”④

---

① 丁遒劲, 曾建勋. 文献元数据集成管理研究[J]. 情报学报, 2019,38(06):568-577.

② 董克, 邱均平. 论大数据环境对情报学发展的影响[J]. 情报学报, 2017,36(09):886-893.

③ 曹树金, 刘慧云, 王连喜. 大数据驱动的图书馆精准服务研究[J]. 大学图书馆学报, 2019,37(04):54-60.

④ 苏新宁.大数据时代数字图书馆面临的机遇和挑战[J].中国图书馆学报,2015,41(06):4-12.

目前,关于图书馆信息系统共享服务主要有以下问题。传统方式处理关联数据和跨库查询依赖图书馆数据厂家的数据管理服务协同,而数据管理服务的核心是数据权益①,各数据厂家很难达成一致。如果依赖图书馆建立共享系统,陈祖琴指出:"图书馆在进行整合不同厂家系统时,来自各个数据部门之间出于技术及利益分配等原因,故意设置技术壁垒使得数据无法共享,以致用户拿不到需要的数据或者出现数据重复建设造成资源浪费的情况。"②同时,图书馆馆藏的数据格式难以统一,存在效率问题、安全存储问题、非结构化数据难以处理的问题 ③。另外,图书馆往往只是数据资源的提供者,在知识传播过程中扮演着主导者的角色,并不重视用户自身的个性化兴趣和数据内容需求④。由于图书馆存在技术、资金等方面的问题,资源共享程度低,导致许多资源闲置,不能被充分利用⑤。如果图书馆基于 Web 服务实现则成本较高,并且很难保障服务的可靠性。

微服务在技术领域的概念是 2012 年出现的,作为加快 Web 和移动应用程序开发进程的一种技术方法,2014 年开始受到各方的关注,2015 年是微服务的元年。但图书馆领域的微服务既包含技术系统,也包含服务系统。具体而言包括以下几个方面。

①从服务层面而言。毕强指出:"数字图书馆微服务的特征概括为二维、五面。二维是指移动性(mobile)和社交性(sociality),五面特征分别是泛在化(ubiquitous)、碎片化(fragmentation)、个性化(individualization)、交互性(interaction)和分享性(sharing)。"⑥李白杨指出,图书馆微服务的核心是运营,包括内容的制作、更新和推送 3 个方面⑦。彭爱东指出,微服务包含交互性、可用性、个性化⑧。董颖指出:"图书馆学科服务需要集成海量学术信息资源和掌握多样化的信息分析技术,使得高校嵌入式学科服务得到提升。"⑨

②从技术层面而言。微服务是一种新的计算机编程思想。其与传统的 Web 服务的主要区别是,Web 服务考虑的是全局的集成,微服务考虑的是重写,不考虑全局,这样会提高服务的灵活性⑩。Adalberto R.Sampaio 等人指出,微服务具备自动化部署和扩展的优势,能

---

① 顾立平. 科研模式变革中的数据管理服务:实现开放获取、开放数据、开放科学的途径[J]. 中国图书馆学报, 2018,44(06):43-58.

② 陈祖琴, 蒋勋, 苏新宁. 图书馆视角下的大数据资源共建共享[J]. 情报杂志, 2015,34(4):165-168.

③ 王丽敏.大数据环境下图书馆信息服务模式探析[J].情报工程,2015,1(02):91-95.

④ 李树青, 丁浩, 徐侠. 大数据时代数字图书馆用户服务思考[J]. 情报学报, 2018,37(06):569-579.

⑤ 贾静. 加强高校图书馆科研服务工作探析[J]. 图书情报工作, 2015,59(S2):41-44.

⑥ 毕强, 马卓, 李洁. 数字图书馆微服务的核心特征分析[J]. 图书情报工作, 2016,60(21):32-38.

⑦ 李白杨, 白广思. 图书馆大数据与微服务的技术融合体系研究[J]. 数字图书馆论坛, 2016(01):68-72.

⑧ 彭爱东, 夏丽君. 用户感知视角下高校图书馆微服务效果影响因素研究[J]. 图书情报工作, 2018,62(17):33-43.

⑨ 董颖,张艳蕾,任晓辉,于子清.大数据环境下高校图书馆嵌入式学科服务模式研究[J].大学图书馆学报,2017,35(03):25-28.

⑩ Tomas Cerny,Michael J Donahoo,Jiri Pechanec.Disambiguation and Comparison of SOA, Microservices and Self-Contained Systems.RACS'17, New York, NY, USA, 2017[C].

够快速集成不同系统的接口。① 欧阳荣彬指出："高等院校信息化过程中，传统数据服务平台协议复杂，体量庞大，扩展性和易维护性方面都存在不足，利用微服务可以使服务之间松耦合，平台易扩展、便于运行维护，数据共享灵活。"②Yilong Yang 等人将微服务用于管理医学信息资源，便于保护数据服务中的用户隐私。③ 在图书馆领域，和微服务相关的研究，如叶春蕾提出，利用 Hadoop 来进行高校图书馆系统的架构④；温浩宇指出，基于 NoSQL 技术来集成数字图书馆的异构数据⑤。

2.4.3 对比研究

Web 服务的架构思想是尽可能兼容新系统，然后将不同的系统发布成对应的 HTTP 服务。先打包成一个 War 包，然后发布到 JBoss 容器或者 Tomcat 容器，一般通过 JSON 或者 XML 传输中间数据，最后，所有的服务集成到系统总线。这种思想在十几年前具备先进性，主要体现在兼容旧的单机系统。这种单机系统的架构思想也叫"单体式开发"(Monolithic)。

而微服务的架构思想是尽可能将一个服务变成一个独立的网络节点，并且可以进行网络容错，不会因为一个网络节点的崩溃导致整个网络的瘫痪，各个网络节点的开发和运维都是完全独立的。微服务和 Web 服务相比，重视的不是集成，而是重写。因此，每个 Web 服务都是一个 Bean 对象，而每个微服务都是一个独立的 HTTP 进程服务。因此，微服务的每项服务比 Web 服务的独立性更强。

Web 服务诞生在十几年前，受限于当时的网络、内存、计算资源。现在，硬件和宽带价格极速下降，资源不再稀缺。微服务相比于 Web 服务而言，正因为每个服务是网络节点，因此消耗的内存资源和宽带资源更高，但是带来系统的可靠性和易扩展性的提升。

考虑到图书馆的服务场景，对 Web 服务和微服务从以下方面进行对比。

从技术实现上而言，Web 服务对外提供服务的数据传输格式是 JSON 格式或者 XML 格式。Web 服务的服务是水平扩展，一般会将服务分成数据实体层(Entity)、数据访问层(Data Access Object，DAO)、通讯传输层(Data Transfer Object，DTO)、对外服务层(Service)、对外服务实现层(Service Implement)、视图绑定对象层(View Object，VO)和视图层(View)。微服务是垂直扩展，每个微服务只关心自身实现的功能，不同层之间不是通过对外服务层(Service)实现，而是通过对外服务接口(Feign)发布服务。如果另一个微服务需要访问，则在对外服务接口客户端(FeignClient)实现。通常，Web 服务的对外服务层和对外服务实现层在同一个服务容器的同一个应用中，而微服务的对外服务接口和对外服务接口客户端一

---

① Adalberto R Sampaio, Julia Rubin, Ivan Beschastnikh, Nelson S Rosa. Improving Microservice-Based Applications with Runtime Placement Adaptation[J]. Journal of Internet Services and Applications, 2019,10(1).

② 欧阳荣彬，王倩宜，龙新征. 基于微服务的数据服务框架设计[J]. 华中科技大学学报(自然科学版)，2016,44(S1):126-130.

③ Yilong Yang, Quan Zu, Peng Liu, et al. MicroShare: Privacy-Preserved Medical Resource Sharing through MicroService Architecture[J]. International Journal of Biological Sciences, 2018,14(8):907-919.

④ 叶春蕾. 基于 Hadoop 的高校图书馆大数据关键技术研究[J]. 数字图书馆论坛，2017(05):33-38.

⑤ 温浩宇，李京京. 大数据时代的数字图书馆异构数据集成研究[J]. 情报杂志，2013,32(9):139-141.

般不在同一个服务容器中。

Web 服务会把一类服务封装成一个服务，如一个图书馆的登录系统需要利用大学网络中心虚拟专用网络（VPN）的 Web 服务，大学网络中心会提供一个 Web 服务给图书馆信息系统来进行用户登录。如用户还想利用微信授权进行登录，则大学网络中心需要修改原有授权代码，增加微信登录代码，并确保该代码能够和其他数据库厂家的安全机制兼容，最后，将该代码集成到大学网络中心的授权总线。如果微信登录服务崩溃，则会导致现有的 VPN 登录服务失效。但是，基于微服务的架构，微信登录服务器被封装成一个独立网络节点，即对外服务接口服务。该网络节点不需要封装到 VPN 的服务代码中。如果用户通过微信登录，则直接通过对外服务接口客户端服务请求服务。如果微信登录服务崩溃，则微信登录服务作为网络节点会发送默认的容错性网络提示通知。

Web 服务的早期设计是基于把本地服务改进后，发布成网络服务；而微服务一开始是具有网络特性，默认每个网络节点都有潜在故障。每个微服务节点在设计的过程中，都默认有错误网络节点或者离线网络节点的容错机制。微服务的网络容错机制一般通过 Hystrix 技术框架实现，能够及时处理服务调用时的超时和错误，防止由于其中一个微服务的问题而导致整体网络系统的瘫痪。Hystrix 原理如图 2-5 所示。

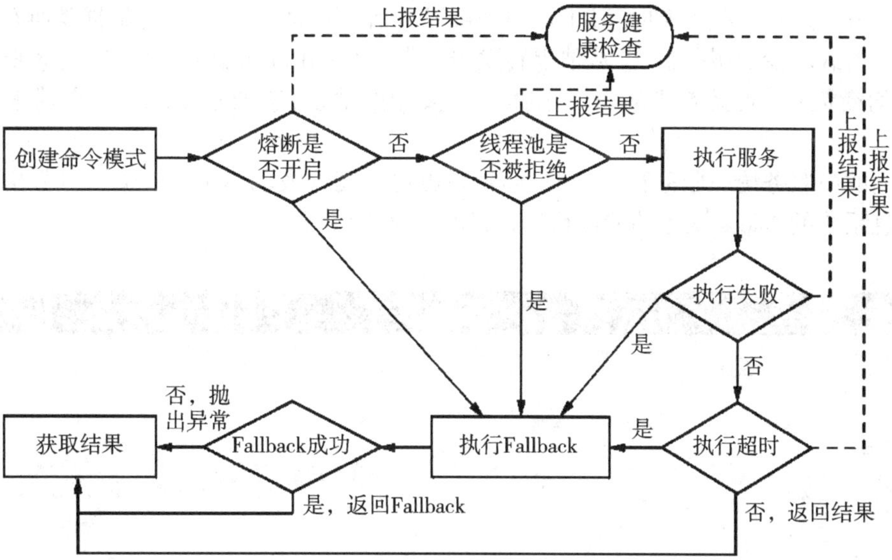

图 2-5　基于 Hystrix 的服务可靠性保障①

从图书馆信息系统维护的可靠性而言：

①从运维可靠性而言。如果把图书馆中一个数据库厂家的服务视作一个 Web 服务，那么图书馆购买了 100 个数据库就有 100 个 Web 服务。如果基于微服务，一个数据库厂家的

① 龙新征，彭一明，李若淼. 基于微服务框架的信息服务平台［J］. 东南大学学报（自然科学版），2017，47（S1）：48-52.

服务可以被拆分为更多的微服务,这些微服务可以互相调用。如 IEEE 的论文被 Web of Science(WOS)检索,那么可以通过编程对 IEEE 的数据服务程序包装(Wrapper),发布成新的微服务。这个过程不需要 IEEE 或者 WOS 更新现有的程序。Web 服务的运维级别是应用程序级别,属于应用程序级的监控和自动化部署。而微服务的运维级别是功能级别,每个功能就是一个独立网络节点,属于网络节点级的程序级监控和自动化部署。通常,网络节点级的运维的可靠性要强于应用程序级。

②从服务器的负债均衡而言。每个 Web 服务需要进行统一的负债均衡和服务请求的队列管理,常见的负债均衡和转发服务器如 Nginx 服务器。而微服务的每个服务都是独立的网络节点(通常基于 Jetty 服务器)。在技术设计上,微服务是把负载均衡的功能以程序库的方式分散到服务调用方的客户端进程内,这种方案也称为"软负载均衡"。这样的优势是微服务的负债均衡既可以在服务端处理,又可以在客户端处理。但是,Web 服务的负债均衡主要在服务端处理。

另外,Web 服务多为同步请求服务,微服务多为异步请求服务。异步请求服务对服务器的性能要求很低,可以极大地提高服务器的负载能力。图书馆场景中的科技查新服务需要对读者的科研成果进行跨库检索。如果基于 Web 服务架构,则消耗的资源比微服务多。通常,读者并不需要实时得到科技查新服务的结果,因此,可以采用微服务架构进行优化。

微服务在进行负载均衡时,其工作原理可以概括为下面 4 个步骤:①根据其所在区优先选择一个负载较少的服务器;②从请求转发服务器,更新并过滤服务实例列表;③根据指定的负载均衡策略,从服务器列表中选择一个实例的地址;④通过 REST 客户端进行服务调用。

常用的微服务统一服务管理框架,如阿里巴巴公司开发的 Nacos 框架。本节构建的图书馆信息系统的 Nacos 服务端的运行后台,如图 2-6 所示。

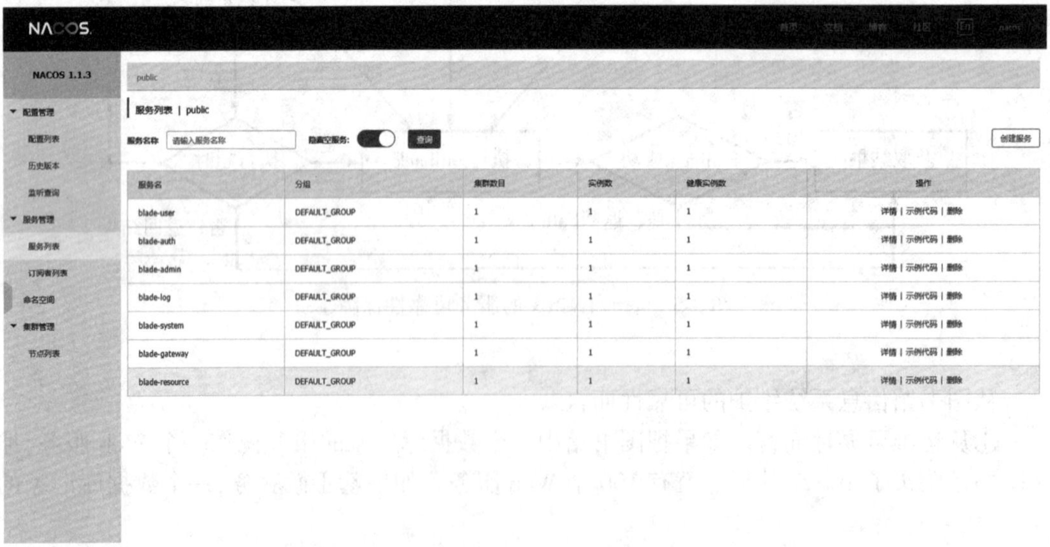

图 2-6　图书馆信息系统的 Nacos 服务端运行后台

从图 2-6 可以看到一个完整的图书馆信息系统的各个 Nacos 服务，具体含义如下。

user：图书馆信息系统的用户管理服务。

auth：图书馆信息系统的统一授权管理接口服务。

admin：图书馆信息系统的管理员可视化管理后台服务。

log：图书馆信息系统的用户日志服务。

system：图书馆信息系统的文献管理服务。

gateway：图书馆信息系统的统一网关管理服务，用来将不同的微服务端口号通过 Nginx 服务转发到 80 端口。

resource：图书馆信息系统的静态资源管理服务。

同样，常用的队列管理框架，如阿里巴巴公司开发的 Sentinel 框架，本书构架的图书馆信息系统的 Sentinel 服务端的运行后台，如图 2-7 所示。

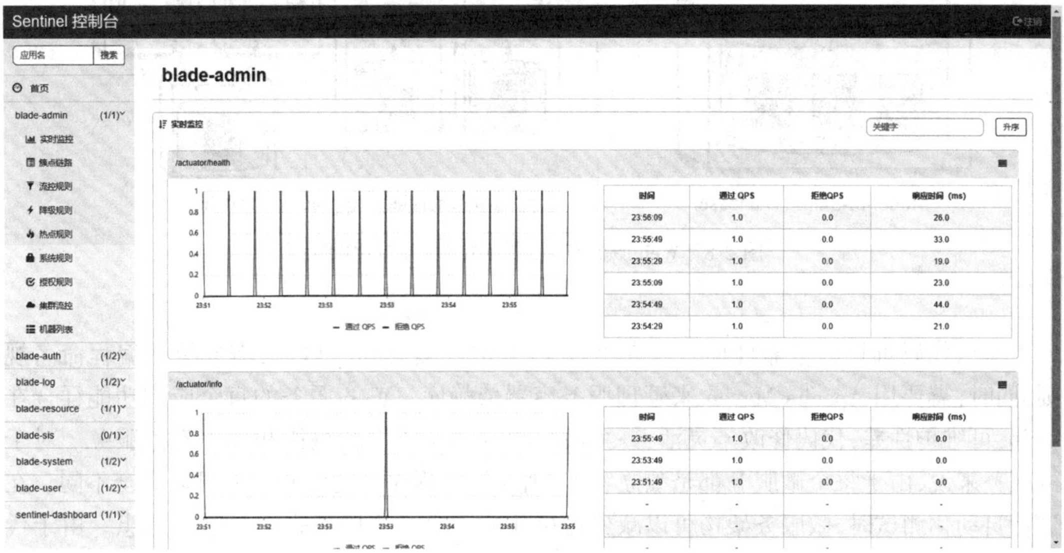

图 2-7　图书馆信息系统的 Sentinel 服务端运行后台

从图 2-7 可以看到一个完整的图书馆信息系统的各个 Sentinel 服务。图 2-7 的 Sentinel 服务和图 2-6 的 Nacos 服务一一对应，每个 Sentinel 服务包含的功能如图 2-7 所示，如“实时监控”“簇点链路”“流控规则”“降级规则”“热点规则”“系统规则”“授权规则”“集群流控”“机器列表”等。通过这些功能，可以对图书馆信息系统中使用的流量进行网址级的负债均衡。

③从服务扩展的可靠性而言。Web 服务所有的服务在一个服务器上运行，例如一个 Tomcat 容器可以同时运行 10 个 Web 服务，一般通过域名来区分不同的服务。如果 Tomcat 缺乏第三方依赖程序库，会导致整个 Web 服务不可用。微服务的每个服务是一个独立服务器，如一个 Jetty 容器只允许一个微服务。通过不同的端口号来区分不同的微服务，所有的

端口通过统一的应用程序接口(Application Programming Interface,API)网关进行注册。Jetty容器的第三方运行库完全独立。这样,对于第三方服务来说,可以根据Jetty容器的资源消耗情况优化不同的硬件环境,合理降低整个网络的成本。图2-8是Web服务直接请求服务和微服务通过API网关进行统一请求的对比图。

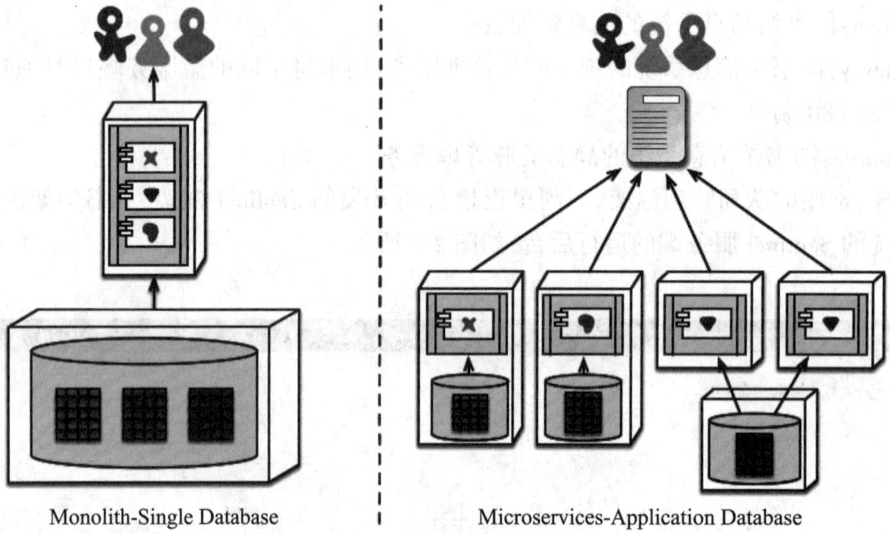

图2-8 Web服务和微服务请求服务对比图①

④从代码维护的可靠性而言。在Web服务进行编码和测试时,需要统一编程命名规则,同时,需要用Apache Maven来管理服务容器依赖库。Web服务的每个应用功能糅合在一起,可维护性差,代码修改不灵活,一个微小的改动需要重新编译和部署整个服务。对于微服务来说,由于每个微服务都是独立容器,因此不同程序员的编码习惯可以完全不同。在进行自动化测试时,微服务架构可以减少运行环境和命名规则所带来的潜在隐患。由于代码独立,可以独立打包和自动化部署,带来代码开发的敏捷性和代码维护的灵活性,提高代码维护的整体可靠性,降低代码开发难度。

通过对比研究,采用微服务架构的图书馆检索信息系统的维护性优于基于Web服务的单体式架构,利于提高图书馆信息系统的服务质量。采用微服务的架构,可以将图书馆不同数据库厂家的信息资源进行整合,提供统一的共享服务,并且整合时不需要破坏现有的系统。此外,在图书馆信息共享过程中,如涉及鉴权机制,亦可以重写授权的微服务,而不需要修改大学网络中心的安全代码。微服务架构思路和Web服务架构思路的核心区别是,微服务更关注局部重写解决问题,而不是整体系统总线的设计。基于这种思路,在图书馆信息系统中提供涉及不同的数据厂家和共享服务时,如跨库检索服务,可以极大地提高系统的可靠性。

① Microservices[EB/OL]. https://martinfowler.com/articles/microservices.html.

另一方面,基于微服务的架构,可以提高代码的灵活性,减少服务的约束,利于提供个性化服务。面对图书馆对读者提供的第三方服务,尤其是实时性要求不高的服务,如科技查新、文献传递等服务,微服务可以减少资源的消耗,提高图书馆信息系统的可用性和图书馆的服务质量。

3 大数据时代图书馆信息系统的查询语言

3.1 研究意义

科研工作离不开大量学术论文的阅读,面对海量的学术论文,科研工作者主要通过学术搜索工具和文献管理工具进行数据管理。学术搜索工具绝大部分是网页交互式的搜索服务。文献管理工具绝大部分是桌面交互式的文件管理服务。交互式服务需要用户反复确认,等待搜索引擎或者程序响应,无法进行有效事务管理。事务管理机制在数据库领域有成熟方案,如结构化查询语言(Structure Query Language, SQL)。但是论文数据和科研人员均有其特殊性,论文数据需要人工反复阅读,而数据库的数据大多是程序处理。图书馆的读者大部分不具备计算机专业背景,不会使用 SQL。同时,行业缺乏针对论文数据和科研人员的特殊性的事务管理机制。本书基于编译原理,参考扩充巴斯科-瑙尔范式标准和结构化查询语言标注,结合论文数据和科研工作人群的特殊性,参考结构化查询语言的语法特点,设计并实现了一种面向科技文献的查询语言,命名为 QQL(Quicktext Query Language)。该语言是图书馆信息系统查询语言的指令集,基于 Antlr 开发。本书已实现的编译器包含编译过程包中的词法分析、语法分析、语义分析和代码执行。同时,利用 QQL 的查询结果,可以导出为 Web Of Science 的 RIS 文献格式。最后,本书通过对比测试,实证了 QQL 对于科研工作者而言进行文献管理的优越性。

3.2 QQL 和 SQL 的词法语法对比

QQL 和 SQL 都是面向数据管理的解释性脚本语言,脚本对大、小写非敏感,但是 QQL 在设计上是面向图书馆信息系统的查询语言,因此属于特定领域语言,并不是通用的数据库管理语言。QQL 和 SQL 在数据定义上的区别,见表 3-1。

表 3-1 QQL 和 SQL 在数据定义的区别

QQL 语法的关键词	SQL 语法的关键词
OBJECT	RECORD
CORPUS	TABLE
CORPUSES	DATABASE

SQL 指令中的 DATABASE、TABLE 更类似单机离线的本地存储；而 QQL 指令中的 CORPUSES 和 CORPUS 既可以是本地数据源，也可以是远程微服务提供的数据源。SQL 的 RECORD 更多强调的是结构化的二维表数据，而 QQL 用 OBJECT 更多强调的是数据内容，而不是数据结构。

从数据管理语言角度上看，二者主要有以下区别。

①数据定义语言(Data Definition Language,DDL)的区别。SQL 的 DDL 语句包含的指令有 CREATE、ALTER、DROP、TRUNCATE、COMMENT 和 RENAME。QQL 不需要 DDL 语句，由于 QQL 主要面向查询，因此，数据定义语言在后台服务自动化处理。

②数据控制语言(Data Control Language,DCL)的区别。SQL 的 DCL 语句包含的指令有 CREATE、DROP、SET、REVOKE 和 GRANT。同样，QQL 不需要 DCL 语句。早年的 SQL 是基于单机进行权限设计的，而现在 QQL 设计的时候，将权限管理委托给不同类型服务器的微服务，运行这些微服务的服务器如校验服务器(SCHEMA Server)、语料服务器(CORPUS Server)、算法模型服务器(MODEL Server)、可视化分析服务器(VISUALIZATION Server)和证书权限服务器(LICENSE Server)。

③数据维护语言(Data Manipulation Language,DML)的区别。SQL 的 DML 语句包含的指令有 INSERT、UPDATE、DELETE、MERGE、EXPLAIN PLANT 和 LOCK TABLE。同样，QQL 不需要 DML 语句，也是委托给微服务进行统一管理。

④数据查询语言(Differences of Data Query Language,DQL)的区别。具体区别见表 3-2。

表 3-2 QQL 和 SQL 在词法分析的区别

指令名称	QQL	SQL
SELECT	支持	支持
DISTINCT	不支持	支持
AND	不支持	支持
OR	不支持	支持
LIKE	不支持	支持
FROM	支持	支持
WHERE	支持	支持
GROUP BY	不支持	支持
HAVING	不支持	支持
ORDER BY	不直接支持，通过 sort 机制支持	支持
LIMIT	支持	支持

需要注意的是,QQL 不直接支持 LIKE 指令,因为 LIKE 指令是顺序遍历,但是 QQL 的查询主要基于 Apache Lucene 框架全文查询技术(倒排表查询和键值对查询)。QQL 在 WHERE 语句查询语句中增加了以下指令。

DO:用于执行内部程序;

MODEL:用于集成第三方算法或者训练的模型;

FILTER:用于过滤数据结果,默认为白名单过滤;

BLACK FILTER:黑名单过滤指令,用于从结果中排除相关数据;

PRORCESS:用于处理外部程序,暂时保留关键字。

⑤数据事务语言(Data Transaction Language,DTL)的区别。SQL 的 DTL 语句包含的指令有"START TRANSACTION""SAVEPOINT, COMMIT" "ROLLBACK" 和"TO SAVEPOINT"。同样,QQL 的数据事务委托给不同服务器的微服务进行统一管理。

为了整合第三方数据分析服务,QQL 增加了 WHICH 语句。QQL 在 WHICH 查询语句中增加了以下指令。

VISUALIZATION:用于整合可视化服务的微服务网址;

MODEL:和 WHERE 语句联合使用,用于指定外部算法服务的微服务网址;

CORPUS:指定外部服务语料来源的微服务网址;

LICENSE:用于从不同的数据库厂家进行鉴权的微服务网址。

3.3 QQL 的语法示例和抽象语法树

对于最简单的 QQL 语法语句,如以下示例。

```
select ' title' ,' author' ,' abstract' ,' url'  from' cssci' ,' cscd'
where keyword=[ ' media' ,' AI' ,' AI+media' ],
which
    schema=[
        ' cssci' =' http://www.quicktext.cn/ris?  eeaeb365bb7a45cbb1f8773d63ead0fc' ,
        ' cscd' =' http://www.quicktext.cn/ris?  bda02d1d34cd45fc9ce3f1d05e2dde57' ],
    corpus=[
        ' cssci' =' http://cssci.doi.ai/json?  q=' ,
        ' cscd' =' http://cscd.doi.ai/json?  q=' ],
    license=[
        ' license' =' http://www.quickcoprus.cn/debug.qprivate' ]
```

上述语句根据开源语法分析器 Antlr 生成语法树,如图 3-1 所示:

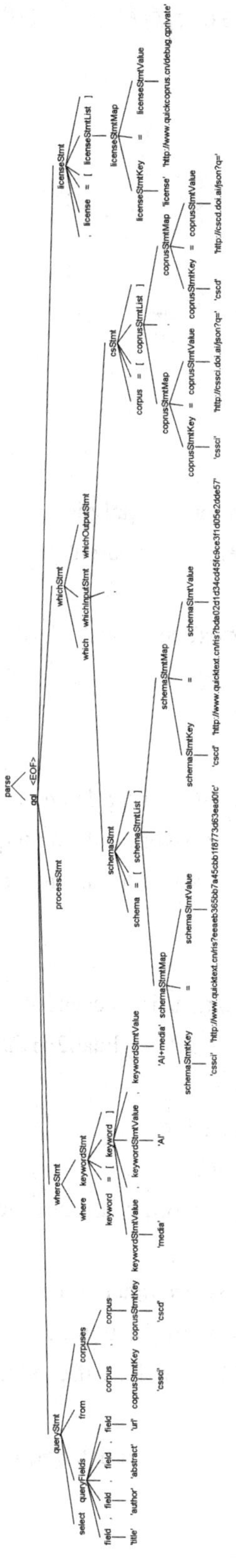

图3-1 利用antlr生成的简单QQL语句语法树

如果设计复杂的 QQL 语句,用于图书馆信息的查询,如以下示例。

```
select
      ' title' ,' author' ,' abstract' ,' url'
from
      ' cssci' ,' cscd' ,' patent'
      where
      keyword=[ ' media' ,' AI' ,' AI+media' ],
      limit 0,1000,
      update=local
do
      sort=[ ' year' =asc,' name' =asc],
      filter=[ ' name' =' information' ,' year' =' analytics' ],
      black filter=[ ' name' =' data' ,' year' =' research' ]
with
      plugins=[ ' mail' =' genix@quicktext.cn' ,' sms' =' +8600000000000' ]
when
      cron=[ ' 0,0,0,0,0,0,0' ],
      daemon=[
            ' daemon' =' http://username:password@daemon.quickcoprus.cn/cron/token6' ,
            ' daemon' =' http://username:password@daemon.quickcoprus.cn/cron/token7' ,
            ' daemon' =' http://username:password@daemon.quickcoprus.cn/cron/token8' ]
which
      schema=[
            ' cssci' =' http://www.quicktext.cn/ris?  eeaeb365bb7a45cbb1f8773d63ead0fc' ,
            ' cscd' =' http://www.quicktext.cn/ris?  bda02d1d34cd45fc9ce3f1d05e2dde57' ],
      corpus=[
            ' cssci' =' http://cssci.doi.ai/json?  q=' ,
            ' cscd' =' http://cscd.doi.ai/json?  q=' ,
            ' patent' =' http://username:password@corpus.quickcopus.cn/sci/token3' ],
      plugin=[
            ' mail' =' http://username:password@action.quickcorpus.cn/mail/token4' ,
            ' sms' =' http://username:password@action.quickcorpus.cn/sms/token5' ],
      model=[ ' tensorflow' =' D:/google.model' ,' caffe' =' C:/berkery.model' ],
      license=[
            ' license' =' http://www.quickcoprus.cn/debug.qprivate' ]
```

完整的 QQL 词法和语法见附录 A。

3.4 QQL 和 SQL 的索引原理对比

SQL 索引器(Indexer)的主要特点包括:①SQL 主要使用索引顺序访问方法(ISAM);②SQL 通过 B+树搜索和排序;③SQL 将数据存储在 B+树的节点中;④SQL 使用 B+树进行范围搜索;⑤SQL 使用 B+树进行排序,例如按时间排序。

而 QQL 索引器的主要特点包括:①QQL 尽可能使用哈希查询,哈希方法的运行时间为 0(N),而树方法的运行时间为 0(log(N)),因此,哈希方法比树方法更快;②QQL 首先通过哈希键值搜索 QQL,然后使用 B 树搜索方法;③QQL 不直接支持范围搜索;④QQL 使用 B 树进行排序,例如按时间排序;⑤QQL 首先由 B 树排序,然后在内存中排序,尽可能先在内存中做数据缓存,比 SQL 花费更多内存,但是内存价格便宜。

3.5 QQL 查询语句的生命周期分析

QQL 的生命周期指读者在使用 QQL 进行信息搜索时,按其指令进行词法分析、语法分析、语义分析以及调用远程微服务进行数据请求并返回相关数据结果的过程。

为了描述方便,本书采用简单的 QQL 语句进行生命周期分析,如下脚本,命名为文件 1,其代码内容如下。

```
select ' title' ,' author' ,' abstract' ,' url'  from ' cssci'
where keyword=[ ' doc2vec' ]
which
    schema=[
        ' schema://username:password@schema.quickcopus.cn/ris/schematoken' ],
    corpus=[
    ' cssci' =' http://username:password@corpus.quickcopus.cn/sci/corpustoken' ],
    license=[
        ' license' =' http://licence.quickcoprus.cn/token' ]
```

上述 QQL 语句包含以下 3 个部分。

①select 查询语句:title、author、abstract、url 叫作查询字段;cssci 叫作查询语料。

②where 条件语句:where keyword=[' doc2vec'],其中 doc2vec 是查询关键词。

③which 条件语句:schema = [' schema://username: password @ schema. quickcopus. cn/ris/schematoken'], corpus = [' cssci ' = ' http://username: password @ corpus. quickcopus. cn/cssci/corpustoken'],license=[' license' =' http://licence.quickcoprus.cn/token'],关键词 schema 说明查询对象的模式定义。所有的查询字段应该属于查询对象所包含的字段。shcema 字段数值

指明应用协议为 schema://,服务器地址为 username:password@ schema.quickcopus.cn,查询模式定义类为 ris,schema 访问的口令为 schematoken。口令通常是一个常规 UUID 数值,关于查询模式的完整定义见附录 B。关键词 corpus 说明语料数据源的服务器地址。Corpus 语句是一组键值对组成的映射表,其中键值对中的关键词为 cssci,值为:http://username:password@ corpus.quickcopus.cn/cssci/tokenCssci。

上述 QQL 的生命周期如图 3-2 所示。

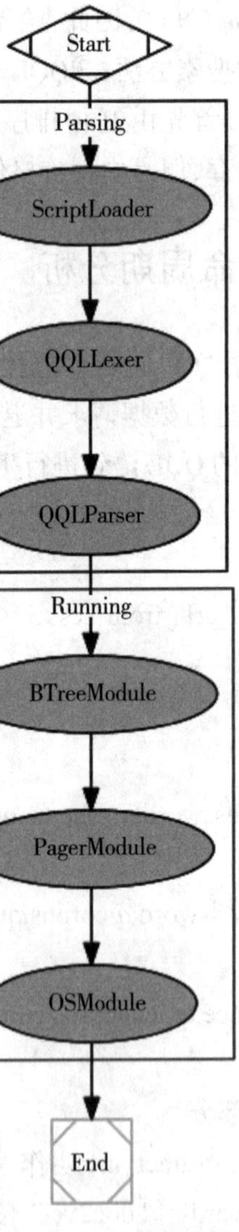

图 3-2　QQL 生命周期图

本书利用 Antlr 生成抽象语法树,如图 3-3 所示。

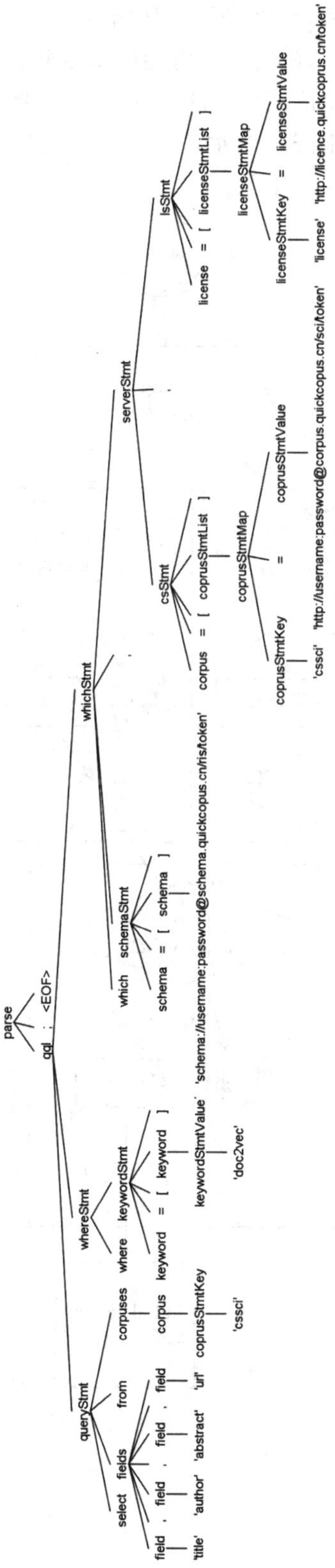

图3-3 QQL抽象语法树

QQL 的生命周期包含 5 个步骤，分别是词法解析、语法解析、建立 B 树、分页模块和操作系统接口。通过词法解析和语法解析，程序将会解析语句，构造一个抽象语法树。然后，程序将会根据验证规则描述表来验证授权认证信息、模式信息、缓存的语料。

上述 QQL 的完整验证流程如图 3-4 所示。

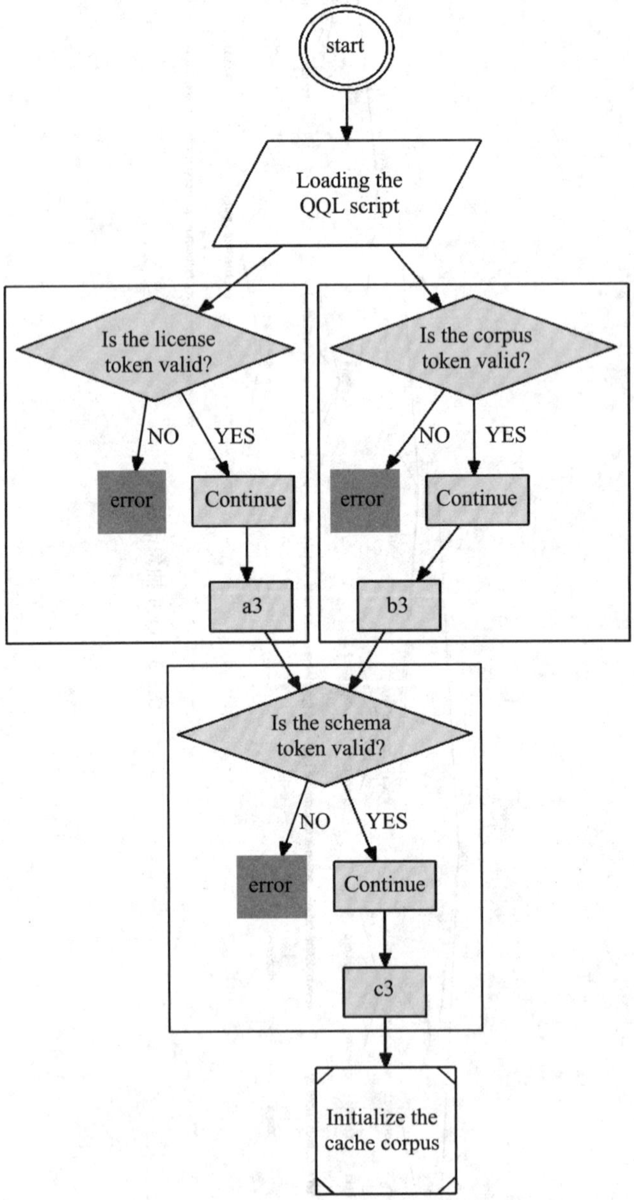

图 3-4　QQL 的完整验证流程图

图 3-4 具体包含以下步骤。

步骤一:权限验证。

步骤二:验证授权口令是否有效。如果无效,程序将会退出,并显示错误提示信息;如果有效,程序将继续执行。

步骤三:验证语料口令是否有效。如果无效,程序将会退出,并显示错误提示信息;如果有效,程序将继续执行。

步骤四:验证模式是否有效。

步骤五:验证模式文件是否是有效的对象简谱(JavaScript Object Notation,JSON)文件。

步骤六:模式 JSON 文件将会下载到缓存目录,命名为"class_token_json", 如 "ris_204c837db67e462987595675a78c7eca.json"。

步骤七:根据模式 JSON 文件生成数据传输对象(Data Transfer Object,DTO),DTO 命名为"class_tokenSchema.class",如"Ris_204c837db67e462987595675a78c7eca.class"。DTO 生成器基于自动存储管理(Automatic Storage Management,ASM)库进行操作的。DTO 类文件将会保存在 cache 目录中。

步骤八:将 DTO 类文件载入内存。

步骤九:验证缓存的语料文件。语料文件的后缀名为.qcf。

步骤十:验证本地口令。默认的口令验证程序使用语料口令,比如"tokenCssci"。如果验证失败,程序将会要求输入一个新的基于用户名和密码的新口令,查询语句中的语料口令将不被使用。

步骤十一:验证本地是否有一个名称为"schema_schemaToken_corpus_corpusToken.qcf"的文件,比如,名称为"Ris_204c837db67e462987595675a78c7eca_cssci_6b9146da656448b89ae024d395f399fd.qcf"的文件。如果没有,则说明本地没有缓存的语料文件;如果有,该后缀为.qcf 的文件就是缓存的语料文件。验证完整后,基于 Antlr 技术框架建立词法树,初始化本地缓存的语料,并读取语料数据。在读取语料时,QQL 后台会自动管理语料库,如果本地没有语料库,程序操作会在后台静默执行语料控制语言(Corpus Control Language, CCL),执行的后台示例语句如下所示。

```
CREATE CORPUSES 'Ris_204c837db67e462987595675a78c7eca_cssci_6b9146da656448b89ae024d395f399fd';
CREATE CORPUS 'Ris_204c837db67e462987595675a78c7eca_cssci_6b9146da656448b89ae024d395f399fd_url'
CREATE CORPUS 'Ris_204c837db67e462987595675a78c7eca_cssci_6b9146da656448b89ae024d395f399fd_meta'
CREATE CORPUS 'Ris_204c837db67e462987595675a78c7eca_cssci_6b9146da656448b89ae024d395f399fd_fulltext'
```

程序执行完上面步骤的语句之后,在名为 cache 的目录下面将会创建一个名为"Ris_204c837db67e462987595675a78c7eca_cssci_6b9146da656448b89ae024d395f399fd.qcf"的文件,该文件为语料库文件。后缀.qcf 表示为快文语料文件(Quicktext Corpus File)。

该语料库中有3个语料。①网址(URL)语料,用来存储语料服务器地址信息,文件名称为"Ris_204c837db67e462987595675a78c7eca_cssci_6b9146da656448b89ae024d395f399fd_url"。其中,中缀"_cssci_"代表来自图书馆的CSSCI期刊,尾缀"_url"代表语料库来源地址。中缀"_204c837db67e462987595675a78c7eca_"和中缀"_6b9146da656448b89ae024d395f399fd_"为通用唯一识别码(Universally Unique Identifier,UUID)编码,用来区分不同的语料。②元数据(Metadata)语料,用来存储语料字段信息,字段定义来自语料模式定义文件,文件名称为"Ris_204c837db67e462987595675a78c7eca_cssci_6b9146da656448b89ae024d395f399fd_meta"。其中,尾缀"_meta"代表语料库元信息。③全文(FULLTEXT)语料,用来存储语料的全文信息,文件名称为"Ris_204c837db67e462987595675a78c7eca_cssci_6b9146da 656448b89ae024d395f399fd_fulltext"。其中,尾缀"_fulltext"代表语料库全文信息。

全文语料不会对其中的信息数据直接进行检索,这是与SQL数据库的一个重要区别。所有语料的标识符都是使用UUID命名。语料中的数据结构是B+树和B*树。另外,为了达到更高的操作性能,语料不会锁定语料文件,这是QQL数据库的另外一个重要特性。创建完语料库后,如果对海量的数据进行语料维护,就需要使用语料维护作语言(Corpus Manipulation Language, CML),它将会在后台自动化执行。后台自动化执行的示例脚本如下所示。

```
INSERT INTO CORPUS URL VALUES(?,?,?...?);
INSERT INTO CORPUS META VALUES(?,?,?...?);
INSERT INTO CORPUS FULLTEXT VALUES(?,?,?...?);
```

以上脚本分别完成了网址语料、元数据语料和全文语料的自动化入库。对于使用图书馆中的海量科研数据,具体请求远程微服务的流程,主要分为以下类别。

①对于网址语料。向语料服务器发送一个请求,请求参数为"keyword"。例如:发送一个url,其内容为"http://cssci.doi.ai/json/? q=(content:doc2vec)"。服务器会返回一个数据集,该数据集中包含所有语料记录。本书将批量处理获取数据的最小值定义为100。将100个记录值定义为一个任务,多个任务组合在一起成为一个任务组。定义这种机制是为了实现多线程获取数据。网址语料可以用来记录数据获取的状态。状态中会记录初始化情况、数据获取情况、数据完成情况、出错数据状态。

②对于元数据语料。网址语料执行数据下载任务后,程序将会启动一个数据下载线程。当一个任务线程启动后,程序将会更新网址语料,获取状态中的初始化状态。另外,程序将会从远程服务器下载语料信息,下载的字段是根据模式定义文件中的字段确定的。数据的全文字段不会下载。元数据语料获取线程是下载任务中的一个异步状态线程。全文字段的处理是在全文语料步骤中进行的,不是在元数据语料中处理的。当元数据语料信息存储之后,程序将会更新网址语料状态信息中的状态字段。

③对于全文语料。全文语料将会继续执行下载全文语料的线程,并将下载的数据存储在全文语料文件中。全文语料的下载线程也是下载任务中的一个异步线程。

以上便是 QQL 的完整生命周期。测试时,对于 QQL 测试查询脚本:

select year, journalname, author, title, url from cssciwhere keywords =[人工智能] then action=[bib=1.ris,bib=2.csv]

该脚本代表 CSSCI 期刊中的查询人工智能,并输出 RIS 格式和 CSV 格式,其中 RIS 格式可以用于 VOSViewer 做进一步分析,或者导出 CSV 文件,然后利用自然语言处理程序(如 StandfordNLP 框架)进行分析。该程序脚本的可视化运行结果,如图 3-5 所示。

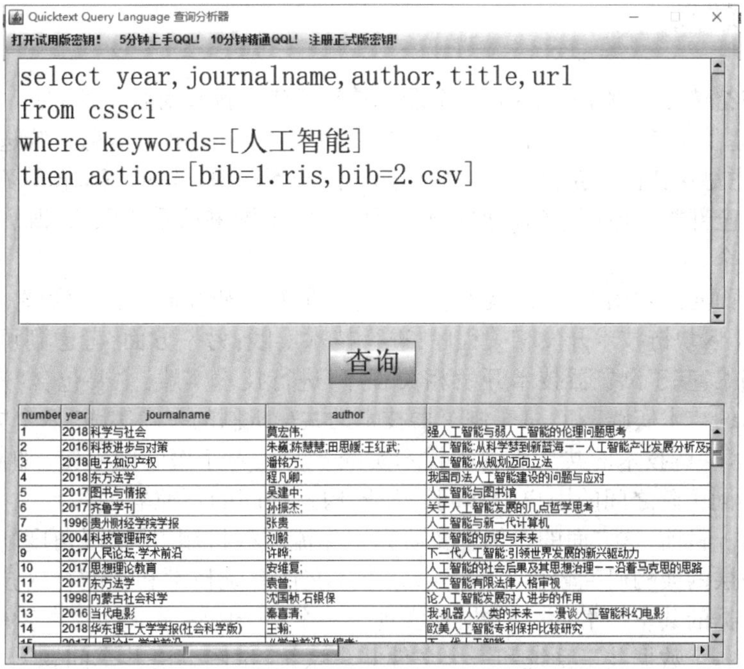

图 3-5 QQL 查询结果

关于 QQL 程序运行的完整功能参考附录 B。

4 大数据时代图书馆信息系统的共享机制

4.1 研究意义

随着图书馆馆藏数据量的提高,单个图书馆很难满足读者对数据的需求,需要进行文献传递,文献传递主要考虑安全性和可用性。具体而言,利用图书馆信息系统进行文献传递,一方面,要考虑尽快让读者获得文献;另一方面,由于不同图书馆的资金预算不同,很多图书馆并没有购买全部数据库厂家的数据资源,因此建立了图书馆采购联盟,既方便读者使用,又兼顾版权安全。

本书主要面向医学图书馆,从技术角度上基于同行的研究成果进行实践。一方面,考虑到安全性,基于区块链技术开发相关程序,进行技术实践;另一方面,考虑到可用性,针对高校图书馆的场景,基于浏览器技术开发相关程序,进行技术实践,主要包含"基于区块链技术的共享机制的技术实践"和"基于浏览器技术的共享机制的技术实践"两个方面。

在"基于区块链技术的共享机制的技术实践"部分,对于医学图书馆(如高校附属医院的图书馆),不同医院之间的用户隐私问题和异构系统间的不兼容使医疗文献数据的有效共享变得困难。目前,这方面的案例主要研究工作流授权机制,从权限角度解决共享问题,而对共享网络层的架构研究较少。本书以分布式文件系统技术和智能合约技术为基础,研究医学文献数据的共享网络,设计并模拟实现了一个用于医学文献数据共享的区块链网络。该网络实现了一个数据共享系统和一个文件共享系统,试图解决共享问题。本书以医学上的 CT 图像为例,通过实证研究,构建了医学文献数据共享的区块链系统。通过解决这一问题,有助于开放不同医院系统的数据孤岛,有效地共享信息,并保护用户隐私。

在"基于浏览器技术的共享机制的技术实践"部分,传统文献传递主要通过服务端发送请求到不同图书馆进行采购,本书介绍了国外基于浏览器客户端的文献传递机制,并进行对比,同时也基于 Unpaywall① 进行二次开发,并进行技术实践。

4.2 基于区块链技术的共享机制的技术实践

4.2.1 研究背景

对于医学图书馆,其文献数据与其他行业数据的区别在于,有必要考虑保护实验者的隐

① http://unpaywall.org/.

私,同时,确保数据的真实性。传统的医学文献数据存在于不同的医院系统中,不同的医院系统相互隔离,导致数据孤岛。

近年来,基于区块链的解决方案在医疗数据管理中得到广泛讨论和应用。区块链应用于医疗领域,尤其是医疗数据管理,有许多优点,应用广泛。①

区块链是一个分布式数据库,具有点对点和不可逆记录。这些优势确保了完整的供应链和医疗数据交换过程的远程审计②、医疗保险反欺诈、电子案件管理③,同时,在保护隐私的前提下,用于医疗保险的发放④。美国食品药品监督管理局(FDA)批准了药物过程中的反欺诈⑤,它还可以在制药公司和美国食品药品监督管理局(FDA)之间建立区块链的加速批准⑥,并简化医疗合规性审查⑦。区块链节点的匿名性用于人口健康统计⑧、招募管理医疗临床试验的参与者⑨、跟踪临床试验参与者的完整活动⑩、备份历史医疗数据⑪以及跟踪出院后的患者护理信息⑫。基于区块链构建的物联网用于在不同医疗设备之间共享数据⑬,例

① Dimitrov D V. Blockchain Applications for Healthcare Data Management[J]. Healthcare Informatics Research. 2019, 25(1): 51.

② Angeles R. Blockchain-Based Healthcare: Three Successful Proof-of-Concept Pilots Worth Considering [J]. Journal of International Technology and Information Management. 2019, 27(3): 47-83.

③ Siyal A, Junejo A, Zawish M, et al. Applications of Blockchain Technology in Medicine and Healthcare: Challenges and Future Perspectives[J]. Cryptography. 2019, 3(1): 3.

④ Kendzierskyj S, Jahankhani H, Ndumbe S I. Blockchain for Strengthening the Privacy of Healthcare Data[J]. International Journal of Strategic Engineering(IJoSE). 2019, 2(1): 14-28.

⑤ Woods J, Iyengar-Emens R. Blockchain to Secure a More Personalized Pharma: Digital Ledgers can Detect Fake Drugs, Enable Virtual Trials, and Advance Personalized Medicine[J]. Genetic Engineering & Biotechnology News. 2019, 39(1): 27-29.

⑥ Nugent T, Upton D, Cimpoesu M. Improving Data Transparency in Clinical Trials Using Blockchain Smart Contracts[J]. F1000Research. 2016, 5.

⑦ Bennett K M. HealthTech: How Blockchain Can Simplify Healthcare Compliance[J]. Washington and Lee Journal of Civil Rights and Social Justice. 2019, 25(1): 287.

⑧ Khurshid A, Gadnis A. Using Blockchain to Create Transaction Identity for Persons Experiencing Homelessness in America: Policy Proposal[J]. JMIR research protocols. 2019, 8(3): e10654.

⑨ Angeletti F, Chatzigiannakis I, Vitaletti A. The Role of Blockchain and IoT in Recruiting Participants for Digital Clinical Trials[Z]. IEEE, 2017,1-5.

⑩ Wong D R, Bhattacharya S, Butte A J. Prototype of Running Clinical Trials in an Untrustworthy Environment Using Blockchain[J]. Nature Communications. 2019, 10(1): 917.

⑪ Li P, Nelson S D, Malin B A, et al. DMMS: A Decentralized Blockchain Ledger for the Management of Medication Histories[J]. Blockchain in Healthcare Today. 2019.

⑫ Hughes F, Morrow M J. Blockchain and Health Care[Z]. SAGE Publications Sage CA: Los Angeles, CA, 2019.

⑬ Dwivedi A D, Srivastava G, Dhar S, et al. A Decentralized Privacy-Preserving Healthcare Blockchain for IoT[J]. Sensors(Basel, Switzerland). 2019, 19(2): 326.

如从脑机接口收集数据并上传区块链网络①,同时保护存储网络的用户隐私②,并可以与移动互联网共享数据③。

区块链交易过程可用于分析个人健康数据共享的有效性④,但需要比较不同的交易过程,以确定哪个交易过程更适合健康领域⑤。区块链网络中的自组织用于在医疗系统中建立责任机制⑥,以管理个人健康数据⑦。

区块链的智能合约技术可用于提高临床研究中的数据质量⑧,并验证临床数据采集过程的权威性和真实性⑨。但是,对于特殊情况,需要扩展这些智能合约。例如,fhirchain 是为癌症设计的⑩,还有另一个区块链模型 Gall 预测模型,用于老年护理⑪。Eric Venner 开发了 Arbor 区块链系统来跟踪临床数据⑫。区块链的医疗保健产业利用区对医疗数据进行去标记,统一数据识别⑬。

然而,研究者更关注工作流研究,对医学文献数据的存储机制和授权机制的研究较少,区块链项目星际文件系统(InterPlanetary File System,IPFS)是一个分布式文件系统,在同行

① Rahman M A, Hossain M S, Rashid M M, et al. A Blockchain-Based Non-Invasive Cyber-Physical Occupational Therapy Framework: BCI Perspective[J]. IEEE Access. 2019, 7: 34874-34884.

② Dubovitskaya A, Xu Z, Ryu S, et al. Secure and Trustable Electronic Medical Records Sharing Using Blockchain[Z]. American Medical Informatics Association, 2017,7:650.

③ Ichikawa D, Kashiyama M, Ueno T. Tamper-Resistant Mobile Health Using Blockchain Technology[J]. JMIR mHealth and uHealth. 2017, 5(7): e111.

④ Park Y R, Lee E, Na W, et al. Is Blockchain Technology Suitable for Managing Personal Health Records? Mixed-Methods Study to Test Feasibility[J]. Journal of Medical Internet Research. 2019, 21(2): e12533.

⑤ Kuo T, Zavaleta Rojas H, Ohno-Machado L. Comparison of Blockchain Platforms: a Systematic Review and Healthcare Examples[J]. Journal of the American Medical Informatics Association : JAMIA. 2019, 26(5): 462-478.

⑥ Shetty S, Liang X, Bowden D, et al. Blockchain-Based Decentralized Accountability and Self-Sovereignty in Healthcare Systems[M]. Business Transformation through Blockchain, Springer, 2019:119-149.

⑦ Shen B, Guo J, Yang Y. MedChain: Efficient Healthcare Data Sharing via Blockchain[J]. Applied Sciences. 2019, 9(6): 1207.

⑧ Benchoufi M, Ravaud P. Blockchain Technology for Improving Clinical Research Quality[J]. Trials. 2017, 18(1): 335.

⑨ Shae Z, Tsai J J P. On the Design of a Blockchain Platform for Clinical Trial and Precision Medicine [C]. IEEE. 2017.

⑩ Zhang P, White J, Schmidt D C, et al. FHIRChain: Applying Blockchain to Securely and Scalably Share Clinical Data[J]. Computational and Structural Biotechnology Journal. 2018, 16: 267-278.

⑪ Rupasinghe T, Burstein F, Rudolph C, et al. Towards a Blockchain based Fall Prediction Model for Aged Care[Z]. ACM, 201932.

⑫ Venner E, Murugan M, Hale W, et al. ARBoR: An Identity and Security Solution for Clinical Reporting [J]. BioRxiv. 2019: 567875.

⑬ Meinert E, Alturkistani A, Foley K A, et al. Blockchain Implementation in Health Care: Protocol for a Systematic Review[J]. JMIR research protocols. 2019, 8(2): e10994.

论文评审数据存储中有相关应用①。

本书以 IPFS 技术和智能合约技术为基础,分析了医疗数据的存储机制和授权机制,并对共享问题进行研究。本书所采用的智能合约是基于 Solidity 技术的。

4.2.2 研究方法

传统医学文献数据的共享模式为金字塔管理模式。数据源发布后,不直接发送给数据用户,而是先发布到省级网络,省级网络用户可以直接使用,然后,授权省级网络管理员向下传播到市政网络,市政网络用户可以使用,市网管理员授权向下传输到县级网,县级网用户可以使用。传统的共享模式流程,如图 4-1 所示。

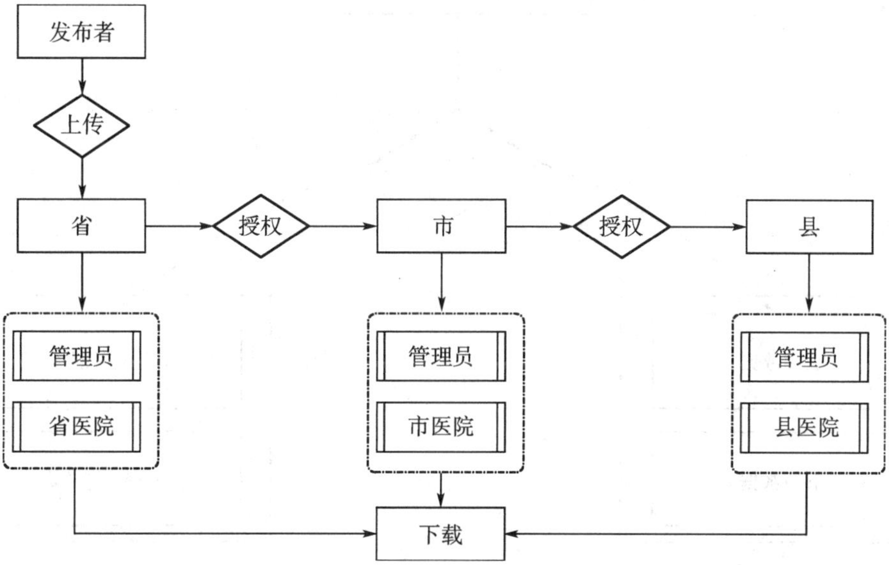

图 4-1 传统共享模式流程

这种方法的缺点在于数据共享速度慢,数据系统不兼容。数据共享速度慢的原因是金字塔管理模式需要层级授权。数据系统不兼容的原因是省医院、市医院和县医院的信息化水平存在差异,导致数据系统的复杂性和异质性,但是,如果系统要统一,就会破坏各医院成熟的工作流程。

针对上述问题,本书结合同行研究,设计了一种区块链医学文献数据共享方法。针对长期存在的问题,本书将建立一个统一的区块链网络,称为 BabelToken。区块链网络是基于 IPFS② 技术和以太坊技术③构建的私有网络。

① Tenorio-Forn E S A, Jacynycz V, Llop-Vila D, et al. Towards a Decentralized Process for Scientific Publication and Peer Review using Blockchain and IPFS[Z]. 2019.

② https://ipfs.io.

③ https://ethereum.org/.

BabelToken 是一个轻量共享系统，针对数据共享速度慢、数据不兼容的问题，其利用区块链网络的扁平化特性来降低授权级别。同时，针对授权系统的复杂性对授权程序进行编码，将智能合约发布到区块链网络。该智能合约与医院现有系统共享，不会破坏各医院成熟的工作流程。

同时，考虑到各用户信息化水平的差异，医疗数据系统采用 IPFS 系统存储。BabelToken 建立了一个通信机制，以确保每个医院的不同硬件环境都能适应，如图 4-2 所示。

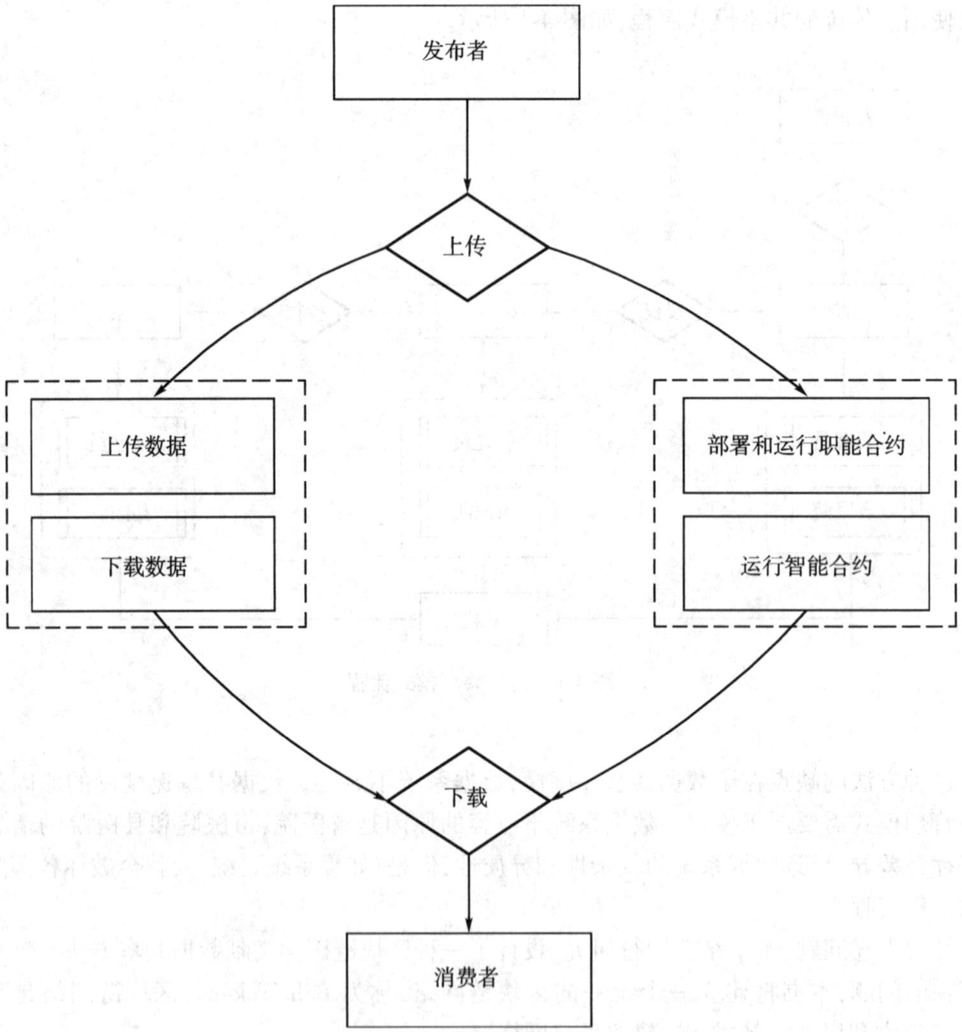

图 4-2 BabelToken 流程图

BabelToken 使用 Java 技术，包括一个文件系统和一个授权系统。文件系统基于 IPFS 技术，分为上传程序和下载程序。该系统以智能合约技术为基础，采用单用户身份编程，用户角色分为出版商和消费者,但出版商往往也是消费者。同时,为了与网络中二进制文件和文本事件的分发兼容,本书将采用 Base64 编码,对文档的全文进行编码。发布者上载数据,如图 4-3 所示。

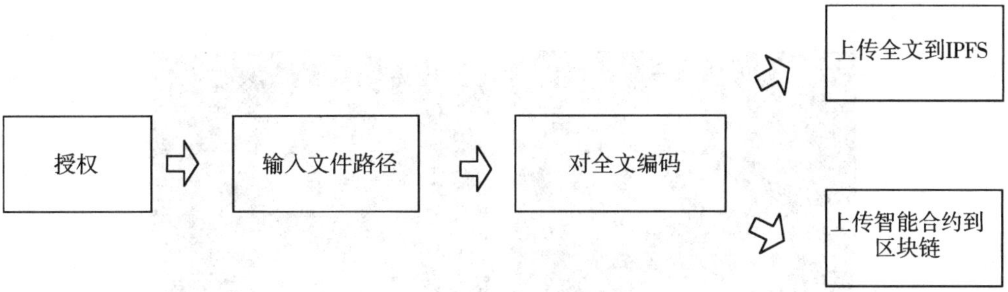

图 4-3 发布者上传数据流程图

用户下载数据流程图,如图 4-4 所示。

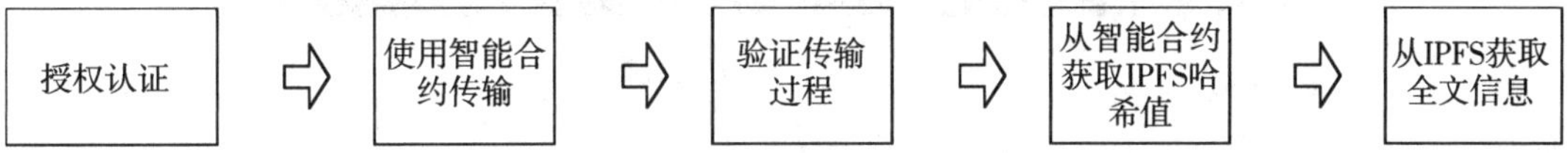

图 4-4 用户下载数据流程图

图 4-4 的算法原理如下。

```
pragma solidity ^0.5.7;

contract Data{
      string public data;

      constructor(string memory_data) public{
            data=_data;
      }

      function getDataName()public view returns(string memory){
            return data;
      }

      function setDataName(string memory_data)public{
            data=_data;
      }
}
```

对于不同场景的授权管理,通过扩展 get 方法控制下载权限,通过扩展 set 方法控制上传权限。智能合约将部署到 BabelToken 网络。

4.2.3 实验结果

根据第 2 章的方法,利用医学文献数据对 BabelToken 网络进行测试。本书中的测试数据使用了 Wallner 发布的 CT 照片,如图 4-5 所示。

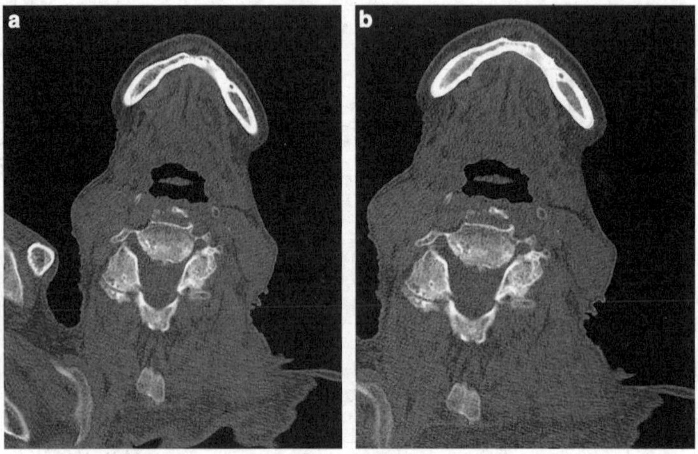

图 4-5 测试医学文献数据①

当用户上传数据时,数据首先由 Base64 程序编码,如图 4-6 所示。

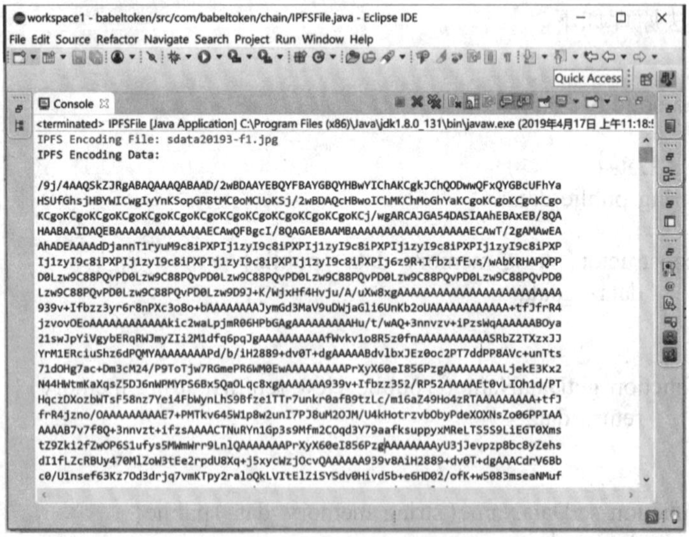

图 4-6 Base64 程序编码内容

① Wallner J Mischak I,Jan Egger.Computed Tomography Data Collection of the Complete Human Mandible and Valid Clinical Ground Truth Models[J].Scientific Data,2019(6):190003.

发布者编码上传后得到 IPFS 哈希值：QmTQY3A5ctyy8TbDJQACMEXvoLgX3i5P1aDbkX9wfnD36p。实验采用的 IPFS 命令为：ipfs cat /ipfs/QmTQY3A5ctyy8TbDJQACMEXvoLgX3i5P1aDbkX9wfnD36p。

测试程序返回值与图 4-6 一致，如图 4-7 所示。

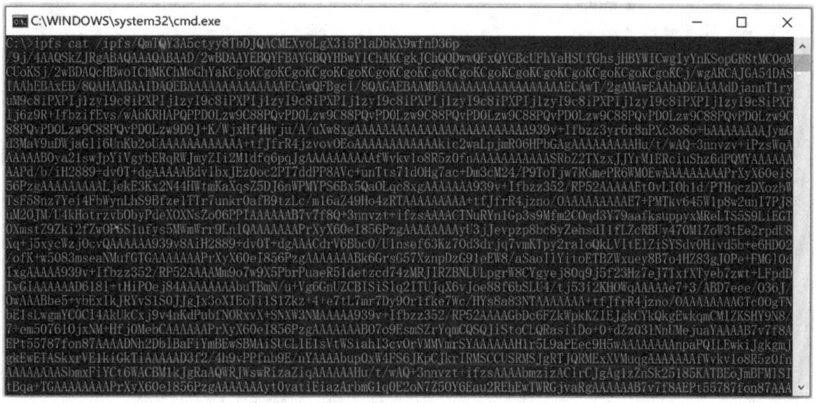

图 4-7　返回值测试截图

在发布者上传和消费者下载过程中，需要授权，程序将执行智能合约。智能合约需要首先部署到 BabelToken 网络。BabelToken 的配置文件，如图 4-8 所示。

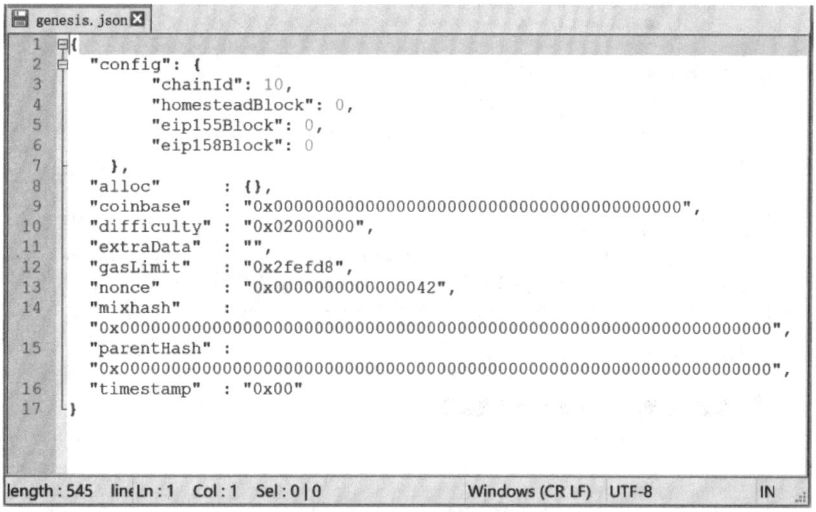

图 4-8　BabelToken 配置文件

服务器通过激励机制初始化 BabelToken 网络，并确保发布服务器持有以太坊令牌，如图 4-9 所示。

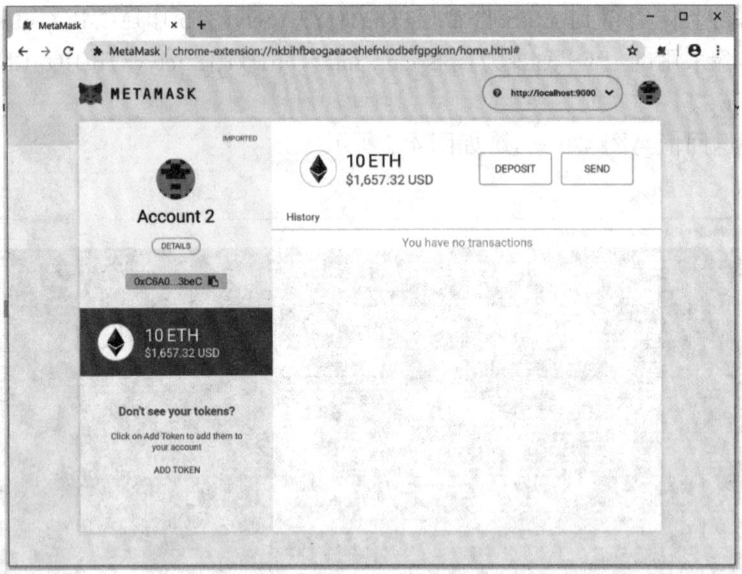

图 4-9　初始状态实验截图

如果发布者第一次执行智能合约,则需要将智能合约部署到 BablToken 网络。在部署合同之后,程序将确定合同地址的范围,如图 4-10 所示。

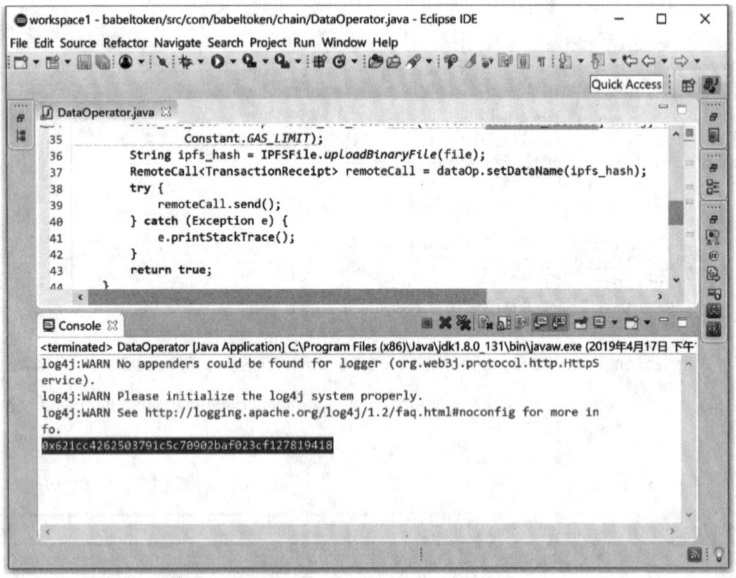

图 4-10　部署智能合约后实验返回值

发布者执行智能合约的过程是测试数据上传的过程,如图 4-11 所示,其中 HexData 是测试数据的 IPFS 散列值。

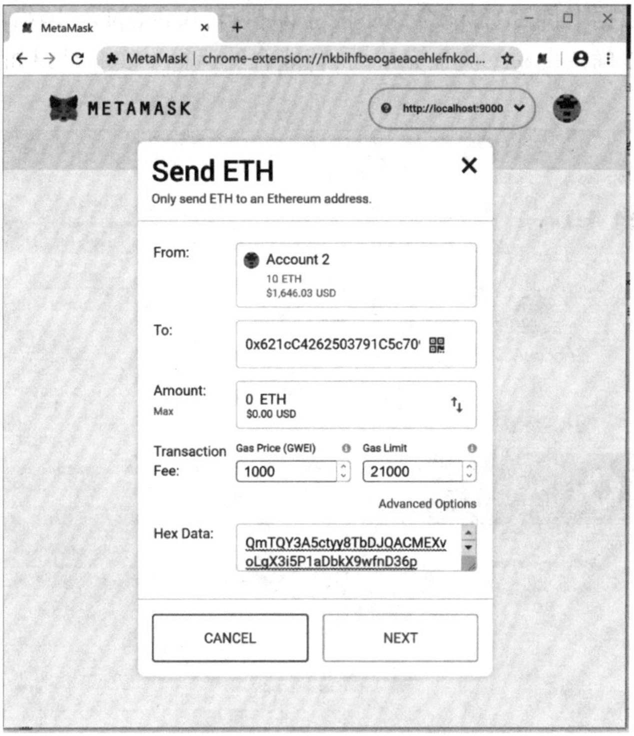

图 4-11　数据上传实验截图

发布服务器执行数据上传操作后，返回状态，如图 4-12 所示。

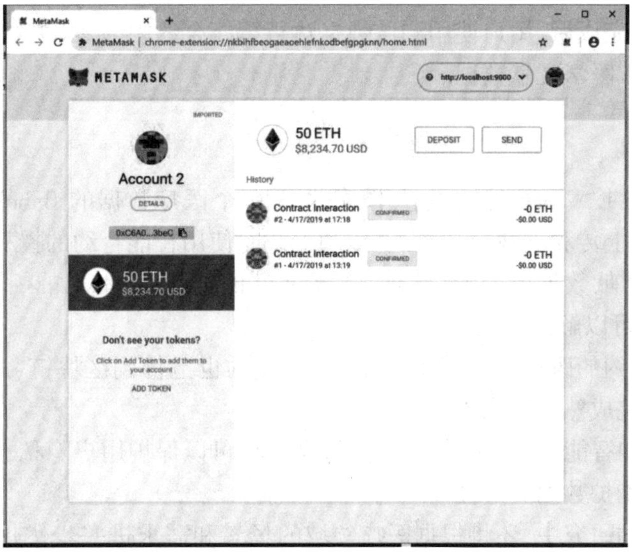

图 4-12　成功上传后实验返回截图

一般情况下，数据上传后，智能合约不能立即执行，BabelToken 网络的所有用户都需要对合约进行验证，以确认交易。验证完成后，智能合约运行。实验结果如图 4-13 所示。

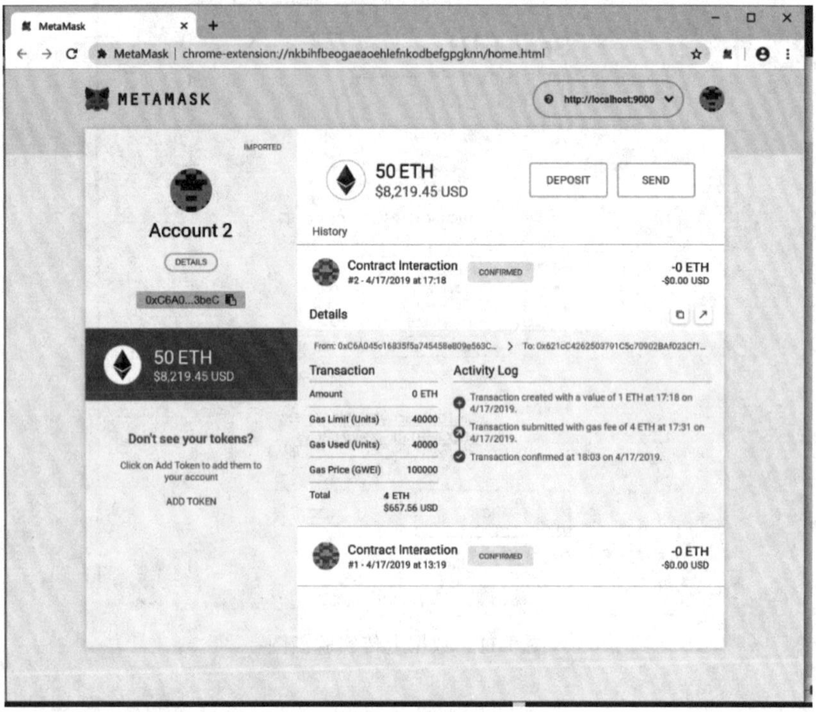

图 4-13　智能合约执行后截图

智能合约执行完成后，用户使用测试数据执行智能合约中的 get 方法，即可以获取 IPFS 散列值，并下载测试医学文献数据。

4.2.4　结论小结

本书利用 IPFS 技术和智能合约技术，建立了一个医疗数据的 BabelToken 网络。该网络支持医疗数据的上传和下载，以及在上传和下载时使用智能合约的授权，其优点如下。

①基于医学文献数据的 IPFS 管理，实现文件的分散存储。如果所有医院都建立了 IPFS 存储网络，就可以解决数据孤岛问题。

②基于智能合约的医疗数据管理权限，智能合约也上传到区块链，解决异构数据兼容性，同时不破坏医院成熟的工作流程。

③利用 IPFS 和智能合约技术管理医疗数据不仅可以保护用户隐私，还可以通过智能合约减少人工干扰，维护数据真实性。

此外，在未来的研究中，还将根据医疗领域的场景和需求进一步优化，适应不同的智能合约，不断升级 BabelToken 网络，有助于进一步开放不同医院系统的数据孤岛，有效地进行数据共享和用户隐私保护。

4.3 基于浏览器技术的共享机制的技术实践

4.3.1 基于浏览器的文献传递历史

图书馆信息系统有一个重要的职能，就是文献传递，文献传递主要用于读者在进行文献综述时在本地不能查到相关文献。

随着大数据时代的到来，科研工作者在图书馆阅读海量文献的过程中，如何快速找到质量高、相关性强的文献并下载、阅读、分析、复盘实验是提高文献综述效率的关键步骤。

传统的模式是，科研工作者在图书馆读者服务中心提交申请，并由图书馆工作人员进行检索，如果本地图书馆没有，则通过馆际互借进行请求转发，最后将文献下载后转发给科研工作者。

2004 年之后，可以通过谷歌学术搜索(Google Scholar)进行馆际互借。

但是，最近几年，尤其是 2018 年后，国外出版社和文献数据库厂家在此问题上提出了新思路，而国内对于此问题的关注较少，相对空白。

根据 Nature 出版社在 2017 年 4 月的报道，2017 年 3 月 10 日，国外发布了 Unpaywall，该程序是一个谷歌浏览器扩展程序，可以在全球 5300 多个数据库中查找论文，截至 2019 年 11 月，论文数据量约 2400 万，可以让读者一键下载所需要的开放获取(Open Access，OA)论文。同时，根据 Nature 出版社 2018 年 8 月的报道，Unpaywall 也是 Elsevier 出版社的合作伙伴，被集成到 Elsevier 出版社的 Scopus 检索。

根据 Nature 出版社在 2018 年 4 月的报道，Clarivate 于 2018 年 4 月 10 日收购了伦敦的 Kopernio① 公司，并集成 Web of Science 数据库服务，为全球 7500 多家机构提供服务。Kopernio 和 Unpaywall 的共同点是，两者都是基于谷歌浏览器的扩展程序，而 Kopernio 除了能下载开放获取论文，还能下载图书馆已经向数据库厂家购买版权的论文。

除了 Unpaywall 和 Kopernio 这两款方案外，其他的国际知名出版社也推出了类似的系统或服务，例如 Springer Nautre 子公司开发的 ReadCube Papers②、SAGE 出版社子公司开发的 Lean Library 和学术出版与学术资源联盟(Scholarly Publishing and Academic Resources Coalition，SPARC)赞助的 Open Access Button。

尽管国外出版社如此关注此问题，但是国内的数据库厂家，如知网、万方、超星等并没有开发相关的方案为图书馆服务。本书在此背景下，通过研究该问题，了解国内外对此研究问题解决的新思路，为国内图书馆领域的相关研究者提供参考。

4.3.2 功能对比与技术实现

从厂家的功能定位而言，Kopernio 由 Web of Science 子公司开发，其定位是“一键点击，获取研究论文”；Unpaywall 由 Impactstroy 开发，其定位是“开放文献免费下载”，Impactstroy

① https://kopernio.com/.

② https://www.readcube.com.

是公益组织,也是 Elsevier 的合作伙伴;ReadCube Papers 由 Digital Science & Research Ltd 开发,其定位是“你从未体验过的文献阅读工具”,Digital Science & Research Ltd 是 Springer Nature 出版社的子公司;Lean Library① 由 SAGE 出版社开发,其定位是“增加图书馆数据可见性”;Open Access Button 由学术出版与学术资源联盟成员开发,其定位是“一键获取开放存取论文”,学术出版与学术资源联盟是公益组织。由于 Open Access Button 系统基于 Unpaywall,因此,本书下述对比中不包含 Open Access Button。

从程序功能上而言,本书通过实测,在 Kopernio 官方对比表上通过对比,发现以下特性,见表 4-1。

表 4-1　不同厂家程序的功能对比

功能＼系统名	Kopernio	Unpaywall	ReadCube Papers	Lean Library
一键直达全文	是	是	是	否
离线 PDF 访问	是	否	是	是
一键直达 OA 全文	是	是	是	是
整合图书馆链接	是	是	是	是
PDF 云存储	是	否	否	否
搜索论文记录	是	否	否	否
引用格式管理器	是	否	是	否
同步网盘	是	否	否	否
PDF 共享	是	否	否	否
学术计量	是	否	是	否
电子书支持	否	否	否	是
整合图书馆授权	是	否	否	否

从表 4-1 中可以看出,Kopernio 的功能最为强大,具有浏览器客户和服务端,而 Unpaywall、ReaderCube Papers 和 Lean Library 均没有服务端。

本书在 Unpaywall 的基础上,结合第 2 章开发的微服务系统,开发了一款面向文献传递的浏览器扩展插件,当读者使用图书馆实现跨库检索时,先通过微服务查询是否为合法文献,然后判断本地图书馆是否为开放获取期刊,如果不是,则判断是否合法购买全文版权,如果合法购买,则可以同步到本地网盘,如果没有购买,则通过微服务系统进行文献传递。例如,访问 SpringLink 出版社的 Scientometrics 期刊,如图 4-14 所示。

① https://www.leanlibrary.com/.

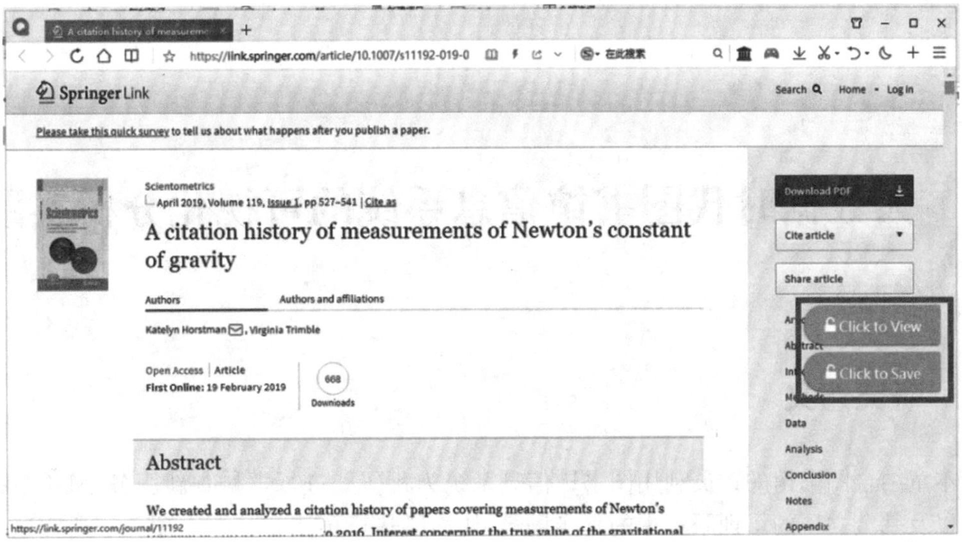

图 4-14 通过浏览器扩展技术访问本地图书馆

从图 4-14 中可以看到,该文献可以合法下载并阅读全文,读者从可用性角度可以不用进行文献传递,相关的文献传递过程已经在后台通过微服务完成,下载后即可阅读全文,如图 4-15 所示。

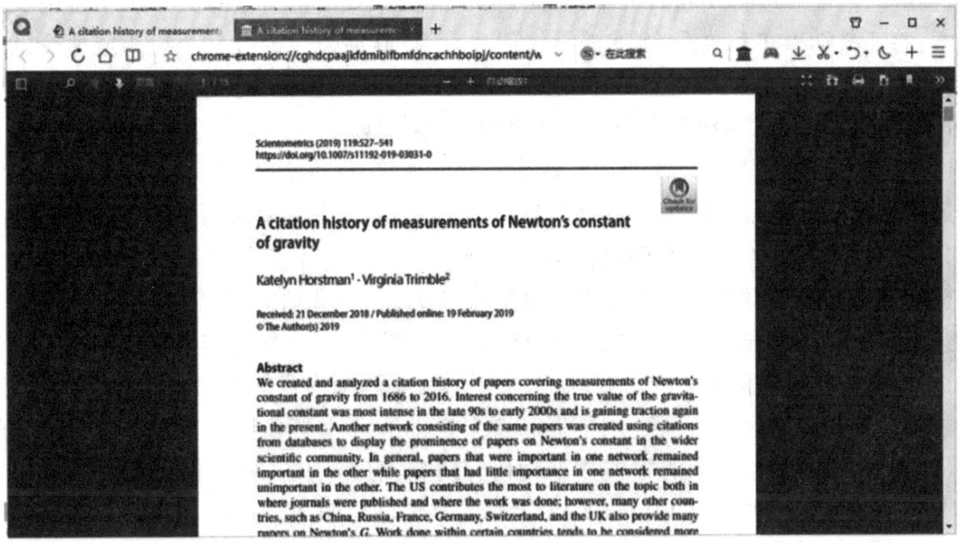

图 4-15 浏览器扩展阅读 PDF 论文截图

5 大数据时代图书馆信息系统的可视化分析实践

5.1 研究意义

本章结合图书馆的馆员利用图书馆信息系统为科研处进行学科查新服务、机构数据库管理以及基金立项的培训服务中的真实场景，从学科热点预测和基金立项分布研究这两个功能点进行可视化分析实践。同时，结合图书馆进行信息计量的服务场景，以情报学的“舆情”问题为例，基于 CiteSpace，对“舆情”问题进行可视化分析。

在图书情报学中的文献计量有重要的意义。文献计量学是科学计量学和信息计量学的基础，主要研究数据引证。对于文献引证的意义，上海海事大学李杰博士指出，包含以下作用：对先驱者表示崇敬；对相关工作表示赞赏，同时对同行表示尊敬；对方法或仪器设备表示认同；向读者提供阅读背景；纠正自己的工作；纠正别人的工作；批评前人的工作；支持某种论断；提醒人们注意即将发表的工作；为找到那些传播不广、索引很差又未被引证的文献提供线索；验证科学事实和数据，例如援引物理常数等；鉴别曾讨论过某个思想或概念的原始文献；鉴别某个时代的某个概念或术语的原始文献或其他著作；对别人的工作或思想提出“反证—否定”性论断；与别人论争某个观点的优先权。①

通过分析引证数据，可以快速了解行业的发展现状、竞争格局和历史沿革。但是对海量数据进行可视化分析需要使用一些高效率工具和理论。因此，本章从“基于 VOSViewer 可视化分析的技术实践②”“基于 CiteSpace 的可视化分析的技术实践”“基于 t-SNE 降维可视化分析的技术实践”③和“基于长尾理论的关键词分布可视化研究”4 个方面进行阐述。

其中“基于 VOSViewer 可视化分析的技术实践”部分，主要利用本书构建的图书馆信息系统，对图书馆领域微信服务的研究现状进行分析，了解国内目前图书馆的数字化服务（主要以微信服务关键词为例）现状，用于提高图书馆的服务水平。技术实践中以 CSSCI 来源期刊（2019—2020）目录收录的相关数据为研究对象，分析了图书馆、情报与文献学领域的 20 本期刊，研究了这些期刊 2011—2018 年在图书馆微信服务领域的 163 篇文献。通过本

① 李杰.CiteSpace 中文版指南[Z/OL].2017.http://blog.sciencenet.cn/blog-554179-1066981.html.

② 孙学军，曹祺.基于知识图谱的图书馆微信服务研究现状分析[J].情报科学，2019，37(09)：164-169.

③ 曹祺.基于 t-SNE 算法的双一流大学基金立项关键词降维的可视化建模研究[J].农业图书情报学报，2020，32(2)：47-57.

书构建的图书馆系统的接口导出数据后,采用文献计量学方法,以 R 软件和 VOSViewer 为技术手段,研究该领域文献的分布,主要包括合作网络和主题分布。通过共现分析和作者共现建立研究图谱,从两个维度识别该领域的研究热点,使相关学者了解该问题的研究现状。

“基于 CiteSpace 的可视化分析的技术实践”部分,主要利用 CiteSpace 对情报学中的研究热点“舆情”进行可视化分析。

“基于 t-SNE 降维可视化分析的技术实践”部分,主要利用本书构建的图书馆信息系统导出的“双一流”建设高校关键词的词频数据,进行可视化建模研究。

由于建设“双一流”大学是国家的重要战略规划,而科研能力是“双一流”大学建设的重要目标,国家自然科学基金立项是科研能力的重要体现,更直观地分析“双一流”大学的科研基金立项有助于“双一流”大学的建设战略管理。本书构建的图书馆信息系统利用国家自然科学基金 1998—2017 年的科研立项的关键词数据,先对“双一流”A 类大学进行预处理,然后利用 MATLAB 中 t-SNE 算法对结果数据进行降维及可视化。通过本书的实验,可以基于时间维度和依托单位维度,通过建模,看到过去 20 年内,“双一流”大学的科研基金立项关键词分布。但是本书的方法也存在一定的局限性,因为国家自然科学基金委员会的网站在不断升级,很多历史数据并不合规。本书的分析和可视化建模方法比传统基于结构化分析的方法更直观,为“双一流”大学建设的战略管理提供参考。

“基于长尾理论的关键词分布可视化研究”部分,以 CSSCI 为基础,以“舆情”关键词为例,得到 96 篇文章作为原始数据集,然后提取关键词,采集相关数据,从长尾关键词的视角研究相关分布。

5.2 基于 VOSViewer 可视化分析的技术实践

5.2.1 研究背景

微信是腾讯公司在 2011 年 1 月 21 日发布的一款即时聊天软件,据该公司 2019 年第 1 季度业绩报告显示,截至报告发布之日,微信月活跃账户数已达到 11.12 亿,同比增长 6.9%,微信用户爆发式增长并全面快速地融入政治、经济、社会、文化生活的各个方面。图书馆作为重要的知识服务提供场所,微信服务研究也引起了图书馆领域的密切关注,如何有效地利用微信工具更好地服务读者,提高图书馆的服务质量,成为学界的关注热点之一。

本书针对“微信在图书馆领域应用现状”这一热点问题,分析了相关学者在该研究领域的全部文献,利用文献计量学的理论方法进行统计分析和研究综述。通过本书的研究,可以对研究格局有一个快速、全面的了解,为该问题的相关学者提供参考,目前,微信服务在图书馆应用研究中常见的研究方法为统计法和文献计量法两类。

基于统计法的研究,如陈冬玲基于 SPSS 软件实证分析了高校图书馆微信公众平台内容运营的相关策略①,王杰对情报学核心期刊中社会化媒体相关研究成果进行了定

① 陈冬玲. 基于 SPSS 实证分析的高校图书馆微信公众平台内容运营策略研究[J]. 图书馆杂志, 2018,37(04):51-57.

量分析①。基于文献计量法的研究，如冯焕华基于文献计量方法对微信公众平台的内容热点进行了分析②，朱松挺和王梦萦通过文献数据整理完成了图书馆微信应用研究论文的文献计量分析③，李姣姣基于文献计量方法对我国高校图书馆微信公众平台进行了系统研究④，刘岩完成了微信在我国图书馆应用研究的文献计量分析⑤，郭春侠对高校图书馆微信服务进行了文献计量分析⑥，薛卫双对我国档案微信研究的文献进行了计量分析⑦。本节拟在相关学者研究的基础上，尝试采用基于 R⑧ 软件和 VOSViewer⑨ 来分析图书馆微信服务的研究现状。

5.2.2 研究方法

本书选取中文社会科学引文索引(CSSCI)数据库中图书情报与档案管理领域已经发表的文献作为数据来源，选取的时间段为 2011—2018 年，2011 年是微信上线的时间，也是本书研究数据的起点，考虑到论文的出版周期导致的文献客观上具有一定的滞后性，本书对 2019 年的文献未做处理。

数据获取的第一步是通过对中国知网数据的采集，然后对文献数据进行清洗，删除其中无效的文献。在数据预处理之后，本书采用的研究方法分为两类，即"基于统计的研究方法"和"基于网络的研究方法"。

①基于统计的研究方法。主要研究每年的文献增长率、期刊录用分布和第一作者单位分布这三个类别。首先，是文献增长率分析，可以通过统计每年相关研究的增长率，了解和展示学者对研究问题热度的变化情况；其次，是期刊录用分布分析，可以呈现哪些期刊重点关注了该研究热点；最后，是第一作者单位分布分析，通过统计文献的第一作者单位分布，有利于解析该问题是哪些科研机构的研究热点。

②基于网络的研究方法。主要包含合作者网络分析、关键词热点分析和关键词共现密度分析这三个类别。其一，是合作者网络分析，指通过统计作者单位的合作网络来展示热点问题研究单位的分布状态，通过研究不同研究者的合作关系，有助于快速梳理该问题的研究

---

① 王杰. 情报学核心期刊中社会化媒体相关研究的定量分析："决策论坛——决策理论与方法研究学术研讨会"论文集(下)[C]，2016.

② 冯焕华，任博. 基于文献计量的微信公众平台研究热点分析[J]. 中国教育信息化，2017(3)：13-15.

③ 朱松挺. 图书馆微信应用研究论文的文献计量分析[J]. 图书情报导刊，2014(18)：125-127.王梦萦. 国内图书馆微信研究论文的文献计量分析[J]. 公共图书馆，2014(4)：18-22.

④ 李姣姣，黄丽霞. 基于文献计量的我国高校图书馆微信公众平台研究[J]. 情报探索，2016(7)：35-40.

⑤ 刘岩，王立峰. 微信在我国图书馆应用研究的文献计量分析[J]. 长春师范大学学报，2017,36(2)：146-149.

⑥ 郭春侠，汪岩丹. 高校图书馆微信服务研究文献计量分析[J]. 图书馆学刊，2017(6)：132-138.

⑦ 薛卫双. 我国档案微信研究的文献计量分析[J]. 山西档案，2018,No. 240(4)：27-29.

⑧ VERZANI J. Getting Started With RStudio[M]. 2011.

⑨ Van ECK N J P, WALTMAN L. VOSviewer: A Computer Program for Bibliometric Mapping[J]. Social Science Electronic Publishing, 2009,84(2)：523-538.

脉络;其二,是关键词热点分析,即通过统计文献元数据关键词的词频,展现相关问题的主要研究类别;其三,是关键词共现密度分析,即通过对关键词共现分析,生成热点密度图,聚类出该问题的主要研究主题。

本书采用的技术手段分别是面向统计的研究方法和网络研究方法。其中,统计研究方法主要采用的技术工具为 R-Studio,统计类软件采用的是 R-Studio,MATLAB 和 SPSS。本书之所以采用 R-Studio 主要在于,其作为开源软件插件丰富。网络研究方法主要采用的技术工具为 VOSViewer,在文献计量中除了 VOSviewer 外,还有 CiteSpace 等第三方软件。选择 VOSviewer 在于,其共现分析使用流程和方法相对简单。

另外,本书在实验过程中需要对大量的文本进行数据清洗,数据清洗主要采用 Java 编程语言,对于中间的数据岛,则保存为逗号分隔符文件(CSV),相关实验数据上传至 GitHub①,供研究者下载验证。

本书在数据分析时,针对不同的数据字段采用不同的策略,主要包含以下类别。

①依托单位歧义消除。对于依托单位,尤其是第一作者依托单位,主要存在两种情况:第一,一个作者同时有几个不同的依托单位;第二,不同作者的依托单位存在语义层面的上下位,例如,第一作者为“武汉大学”,第二作者为“武汉大学图书馆”,在语义层面构成上下位关系,因为都作为“武汉大学”进行外部成果统计和比较。由于国内缺乏完善的文献标识符 DOI 体系和作者标识符 ORCID(开放研究者与贡献者身份)体系,因此,本书在研究中为了简化问题,采用 Java 进行合并统计,只保留独立法人机构,即通过文本切割,将类似“武汉大学图书馆”等依托单位保留为“武汉大学”。

②作者歧义消除。作者歧义消除是一个复杂的问题,由于本书采用的数据量不大,因此根据依托单位来判断,不考虑作者变更工作单位的情况,即不把同一个人因单位不同视作同一个人。同时,对于同一工作单位的不同作者,作者名称相同的,即合并成同一个人,这也是国内科研系统缺乏国外成熟的作者标识符 ORCID 体系带来的弊端。

③研究分类问题。关于文献分类,国内有成熟的编码体系,即中国图书馆分类法,在实际研究中发现,作者对中国图书馆分类法的细分分类并没有严格执行。因此,如果基于中国图书馆分类法,会带来研究分类的不准确性问题,因此,本书对于研究分类主要采用关键词作为依据,尽管关键词作为分类依据尚未考虑关键词在语义的上下位问题,但是由于关键词通俗易懂并且为作者主观选择,因此,带来的误差客观上比中国图书馆分类更准确。

④研究主题抽取。对于研究主题的抽取是一个复杂且重要的问题,本书为了简化该问题的研究,主要基于标题来进行研究主题抽取研究,相关研究国外主要采用 SAO(Subject-Action-Object)的方法,由于本书的研究数据较少,不需要采用 SAO 方法提取范式,因此,主要采用词组抽取的方法,研究的关键问题是“微信在图书馆领域的研究抽取”,本书选取的期刊全部为 CSSCI 核心期刊(不含扩展版)中图书情报与档案管理领域的期刊,此类期刊代表国内图书情报与档案管理领域的重要研究成果。另外,本书抽取的关键词同时包含“微信”和“图书馆”,围绕“微信”这个关键词构成的词组代表国内不同学者的研究分布,因此,

① 微信图书馆文献元数据[EB/OL]. https://raw.githubusercontent.com/greysh/paper-wechat-review/master/wechat-2011_2018.csv.

本书在研究主题抽取时主要通过程序抽取围绕“微信”的词组，词组主要为形容词构成的修辞词组或者名词构成的并列词组。

5.2.3 技术实践

本书的数据来自 CSSCI 来源期刊 2019—2020 目录①，该目录共有 568 种期刊，其中图书馆、情报与文献学领域有 20 本。这 20 本期刊是本书研究的数据来源，见表 5-1。

表 5-1 研究数据期刊来源

序号	期刊名称	期刊出版单位
1	大学图书馆学报	北京大学
2	档案学通讯	中国人民大学
3	档案学研究	中国档案学会
4	国家图书馆学刊	国家图书馆
5	情报科学	中国科学技术情报学会、吉林大学
6	情报理论与实践	中国国防科学技术信息学会、中国兵器集团二一〇研究所
7	情报学报	中国科学技术情报学会、中国科学技术信息研究所
8	情报杂志	陕西省科学技术情报研究院
9	情报资料工作	中国人民大学
10	数据分析与知识发现	中国科学院文献情报中心
11	图书馆建设	黑龙江省图书馆学会、黑龙江图书馆
12	图书馆论坛	广东省立中山图书馆
13	图书馆学研究	吉林省图书馆
14	图书馆杂志	上海市图书馆学会、上海图书馆
15	图书情报工作	中国科学院文献情报中心
16	图书情报知识	武汉大学
17	图书与情报	甘肃省图书馆
18	现代情报	中国科学技术情报学会、吉林省科技信息研究所
19	信息资源管理学报	武汉大学
20	中国图书馆学报	中国图书馆学会、国家图书馆

① 南京大学中国社会科学研究评价中心. CSSCI 来源期刊 2019—2020 目录[R]. 2019.

针对表 5-1 中的期刊，通过中国知网的数据源，在标题中搜索时同时包含关键词“微信”和“图书馆”，得到文献 163 篇，发表时间是 2011—2018 年。第一篇发表在表 5-1 期刊中并且标题包含“微信”关键词的文献是 2013 年发表在《情报资料》的《微信息环境下图书馆学科服务的长尾效应》①，该文指出“图书馆应积极捕捉用户长尾”。

（一）歧义消除

所有文献通过程序进行处理，然后进行依托单位歧义消除，例如，文献《面向知识咨询的图书馆移动服务设计与实现——以微信公共平台为例》②的作者单位包含“郑州大学信息管理学院，郑州大学图书馆”，统一合并为“郑州大学”，“武汉大学图书馆”合并为“武汉大学”，“中国美术学院图书馆”合并为“中国美术学院”，但是对“广东图书馆”则保留“广东图书馆”，即只保留作者依托单位的一级单位名称。

如果处理后，第一作者和第二作者的院系不同，但是一级单位名称一样，则该文献的依托单位合并为一个，不保留院系名称。这样，经过程序歧义消除后的文献依托单位见表 5-2。

表 5-2　依托单位歧义合并

序号	原始数据	歧义消除后数据
1	宁波大学图书馆	宁波大学
2	昆明理工大学图书馆	昆明理工大学
3	中国科学院国家科学图书馆中国科学院大学	中国科学院
4	北京邮电大学图书馆辽宁师范大学管理学院	北京邮电大学;辽宁师范大学
5	辽宁师范大学管理学院	辽宁师范大学
6	河南师范大学图书馆	河南师范大学
7	吉林省图书馆	吉林省图书馆
8	西南政法大学图书馆广东技术师范学院图书馆	西南政法大学;广东技术师范学院
9	广东药学院图书馆	广东药学院
10	重庆图书馆	重庆图书馆

① 黎明. 微信息环境下图书馆学科服务的长尾效应[J]. 情报资料工作，2013(03):86-89.

② 李白杨，白广思. 面向知识咨询的图书馆移动服务设计与实现——以微信公共平台为例[J]. 图书馆学研究，2013(19):69-72.

续表

序号	原始数据	歧义消除后数据
11	郑州大学信息管理学院郑州大学图书馆 河南省高等文献保障中心(HALIS)	郑州大学
12	四川大学公共管理学院	四川大学
13	广州大学图书馆	广州大学
14	中山大学资讯管理学院	中山大学
15	南京大学图书馆	南京大学
16	大连工业大学图书馆	大连工业大学
17	贺州学院图书馆同方知网(北京) 技术有限公司	贺州学院;同方知网(北京) 技术有限公司
18	上海大学图书情报档案系上海大学图书馆	上海大学
19	国家图书馆	国家图书馆
20	福建师范大学社会发展学院	福建师范大学

(二)统计分析

对歧义消除后的数据进行统计分析,主要包含文献增长率、期刊录用分布、第一作者单位分布和文献元数据关键词分布这四类。通过研究文献增长率来了解行业对该问题的研究分布,通过研究期刊录用分布来了解该研究问题对于哪些情况是研究热点,通过研究第一作者单位分布来了解该研究问题对于哪些研究机构是研究热点,通过研究文献元数据关键词分布来了解该研究问题的分类。具体而言,关于文献增长率的统计见表 5-3。

表 5-3 文献增长率

序号	年份	文献数量
1	2013	12
2	2014	32
3	2015	26
4	2016	33
5	2017	30
6	2018	30

将表 5-3 采用 R-Studio 绘图,如图 5-1 所示。

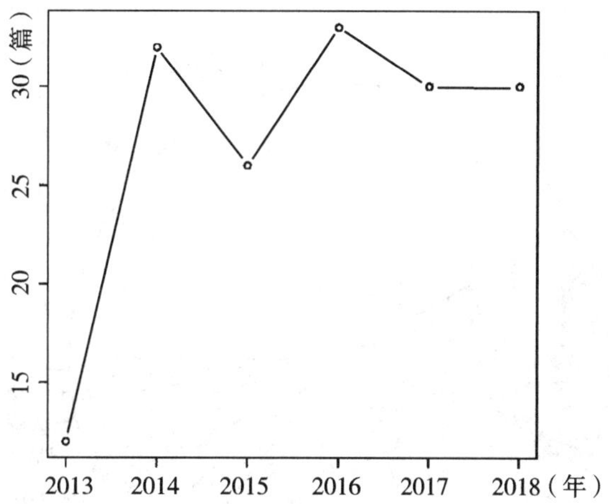

图 5-1 文献增长率

从图 5-1 中可以看出，最近几年，图书馆微信服务研究趋于稳定。

对期刊录用分布进行统计，得到的数据见表 5-4。

表 5-4 期刊录用分布

序号	期刊名称	录用数量
1	图书馆学研究	67
2	现代情报	22
3	图书情报工作	20
4	图书馆杂志	16
5	图书馆论坛	12
6	国家图书馆学刊	5
7	情报科学	4
8	图书馆建设	4
9	情报资料工作	3
10	大学图书馆学报	3
11	情报理论与实践	2
12	情报杂志	2
13	图书与情报	1
14	信息资源管理学报	1
15	图书情报知识	1

将表 5-4,采用 R-Studio 绘图,如图 5-2 所示。

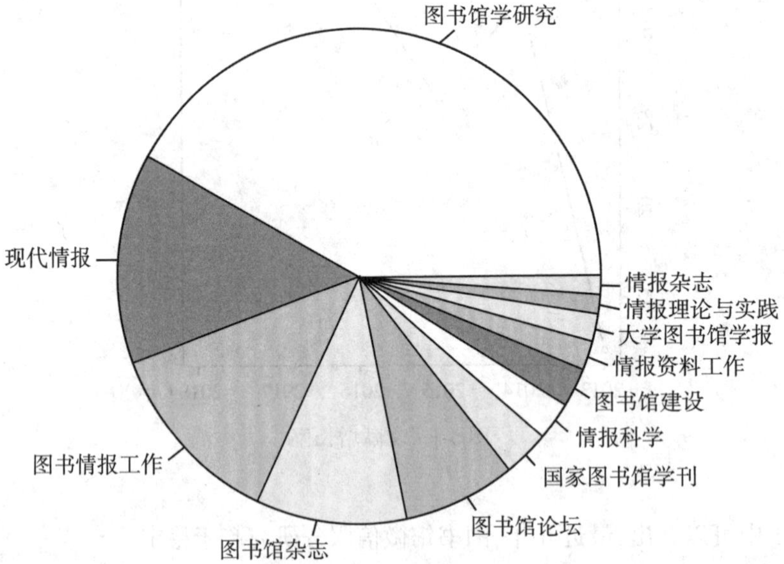

图 5-2 期刊录用分布图

从图 5-2 中可以发现,有关图书馆微信服务的相关研究文献集中在《图书馆学研究》《现代情报》《图书馆情报工作》和《图书馆杂志》这 4 本期刊,在这 4 本期刊上发表的文献达到了相关论文数量的一半以上。

类似的,为了判断该研究问题是哪些单位的研究热点,本书研究了第一作者单位分布,得到的数据见表 5-5。

表 5-5 第一作者单位分布

序号	第一作者单位	发表文献数
1	武汉大学	5
2	吉林大学	4
3	南京大学	4
4	安徽大学	4
5	四川大学	3
6	中山大学	3
7	合肥工业大学	3
8	西安建筑科技大学	3

续表

序号	第一作者单位	发表文献数
9	湘潭大学	3
10	华东师范大学	3
11	郑州大学	2
12	南通大学	2
13	厦门大学	2
14	华南师范大学	2
15	大连工业大学	2
16	复旦大学	2
17	上海视觉艺术学院	2
18	南京晓庄学院	2
…	……	……
116	北京大学	1

从表 5-5 中可以发现,武汉大学、吉林大学、南京大学、安徽大学关于图书馆微信服务研究的文献较多,该研究问题是以上 4 个大学的研究热点,本书研究的 163 篇文献来自 116 个不同的第一作者单位。

(三)网络分析

网络分析主要分为文献发表单位的合作网络和基于关键词的共现分析。其中,文献发表单位的合作网络用于分析目前该研究问题是哪些单位在联合研究,通过分析联合研究来了解不同研究单位之间如何实现研究的优势互补。基于关键词的热点分析通过统计文献元数据关键词的词频,有利于纵向了解该研究问题主要研究点的排名。而关键词的共现密度分析是指,通过对关键词共现分析生成热点密度图,有利于横向了解该研究主题的研究中心和围绕该中心的相关研究分布。

在进行文献发表单位合作网络研究时,本书对上述文献的合作单位先进行分类抽取,然后构建网络图,合作单位网络图包含两个部分,即节点和边,通过分析发现这 163 篇文献的作者来自 134 个单位,即 134 个节点,但是其中的合作网络只有 31 个(对于 3 个不同的合作单位拆分为第一作者单位和第二个合作单位,并且第一作者单位和第三作者单位的合作)。节点的数据见表 5-6。

表 5-6 合作网络节点图

序号	单位名称
1	宁波大学
2	昆明理工大学
3	中国科学院
4	北京邮电大学
5	辽宁师范大学
6	河南师范大学
7	吉林省图书馆
8	西南政法大学
9	广东药学院
10	重庆图书馆
11	郑州大学
12	四川大学
13	广州大学
14	中山大学
15	南京大学
16	大连工业大学
17	贺州学院
18	上海大学
…	……
67	武汉工程大学
…	……
134	中国科学技术信息研究所

单位合作关系的数据见表 5-7。

表 5-7 合作关系图

第一完成单位主键号	合作完成单位主键号
4	5
21	5
46	14
54	33
45	49

续表

第一完成单位主键号	合作完成单位主键号
67	54
56	67
91	67
42	89
51	104
116	104
108	111
56	115
8	118
17	119
22	120
24	121
…	……
67	134

根据表 5-6 和表 5-7,采用 R-Studio 绘制合作网络,如图 5-3 所示。

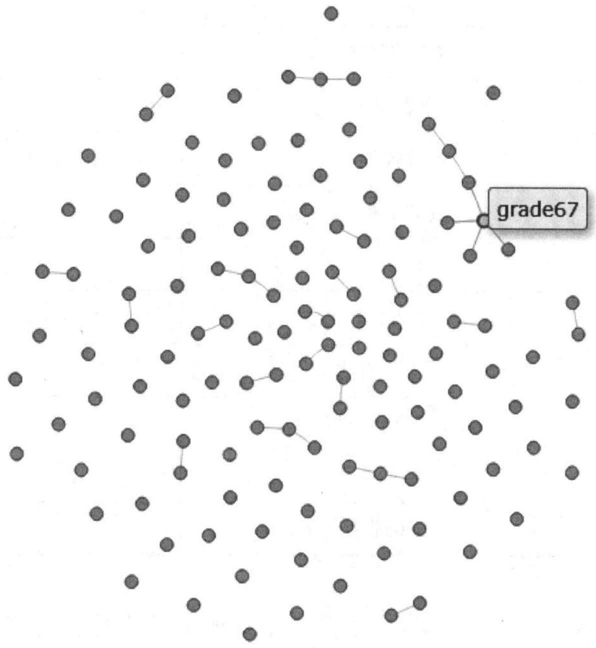

图 5-3 合作网络关系图

通过图 5-3 发现,对于单篇文献,大部分研究人员来自同一机构。从图中可以看到,武汉工程大学(67 号节点)的合作关系最多,共合作 5 次(上图还包含间接合作)。

关于文献元数据关键词词频分布,本书对 163 篇文献的元数据关键词进行抽取,并进行分词统计,不包含关键词“微信”“图书馆”“公共图书馆”和“高校图书馆”,共 443 词,其中非重复词 251 词,得出的统计数据见表 5-8。

表 5-8 文献元数据的关键词分布

序号	文献元数据关键词	词频
1	微信公众平台	48
2	移动服务	17
3	信息服务	15
4	微信公众号	14
5	移动图书馆	11
6	阅读推广	10
7	移动信息服务	8
8	微信服务	7
9	图书馆服务	6
10	微博	6
11	微信图书馆	5
12	读者服务	4
13	微服务	4
14	微信小程序	4
15	用户需求	3
16	信息推送	3
17	层次分析法	3
18	微信公众账号	3
…	……	…
251	长尾理论	1

从表 5-8 中可以看出,文献的研究热点是图书馆服务的载体关键词为“微信公众平台”“移动图书馆”和“微信小程序”,主要的用户使用场景为“阅读推广”和“读者服务”。

关于关键词的密度分析,将上述 163 篇文献用程序生成 RIS 引用文件,并输入 VOSViewer,

研究关键词的共现密度，如图5-4所示。

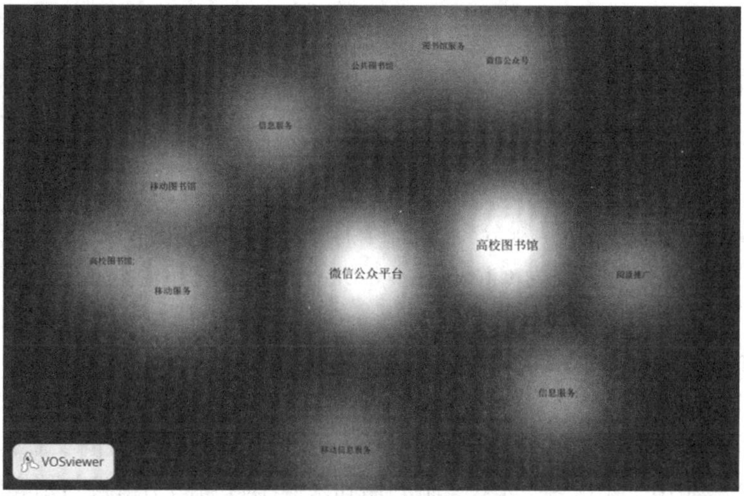

图5-4 基于关键词的共现分析

通过图5-4的实验结果可以发现，微信在图书馆领域的主要研究围绕“高校图书馆”“微信公众平台”“信息服务”“阅读推广”“移动信息服务”等相关主题。

5.2.4 结论小结

本书基于文献计量和网络共现方法对微信在图书馆应用场景下的相关研究进行了系统分析，并对相关研究进行了全景式展示，得到以下结论。

①通过文献计量方法统计相关研究发现，对图书馆微信服务的研究从2011年开始保持较为稳定的研究热度，CSSCI核心期刊库内收录的文献每年基本保持在30篇左右。其中，发文量较多的期刊为《图书馆学研究》《现代情报》《图书情报工作》和《图书馆杂志》等。在该研究领域的主要研究机构为武汉大学、吉林大学、南京大学、安徽大学等。

②通过网络分析方法发现该研究问题的合作网络和主题分布。在合作网络方面，研究发现，大部分文献来自一个单位，不同单位之间有合作的较少。武汉理工大学是合作研究该问题最多的单位。通过关键词的统计分析发现，该研究的关注热点在图书馆服务载体，关键词为“微信公众平台”“移动图书馆”和“微信小程序”等；在研究用户使用场景方面的研究热点关键词为“阅读推广”和“读者服务”；通过关键词的共现分析发现，微信在图书馆领域的主要研究围绕“高校图书馆”“微信公众平台”“信息服务”“阅读推广”“移动信息服务”等相关主题。

③本书在研究中使用了一些数据分析策略，比如采用Java进行合并统计，通过文本切割方法解决依托单位歧义消除问题；采用关键词取代中国图书馆分类法解决研究分类问题；研究主题抽取时通过程序围绕主题词组，以形容词构成的修辞词组或者名词构成的并列词组为抽取对象等，可以为其他研究者提供相关策略参考。

5.3 基于 CiteSpace 可视化分析的技术实践

5.3.1 研究背景

科研全景(Scientific Landscape)在图书馆信息系统中具有重要作用,能够对文献进行信息计量学分析,目前常用的学术数据库如中国知网(CNKI)、万方、Web of Science 对该功能均有集成。图书馆信息系统的科研全景分析功能,除了可以采用前述的 VOSViewer 软件生成外,另一个常用的科研文献分析软件为 CiteSpace①。CiteSpace 由陈超美教授开发,主要用于生成科研全景。

鉴于“舆情”关键词是情报学的研究热点,本节基于 CiteSpace 主要研究“舆情”领域的数据可视化。

本节选取了 CSSCI 数据库中图书情报与档案管理领域已经发表的文献作为数据来源,选取的时间段为 2010—2019 年,选取文献的期刊来源学科为图书情报与档案管理。

首先,获得数据源。在 CSSCI 数据库中搜索的关键词为“舆情”,如图 5-5 所示。

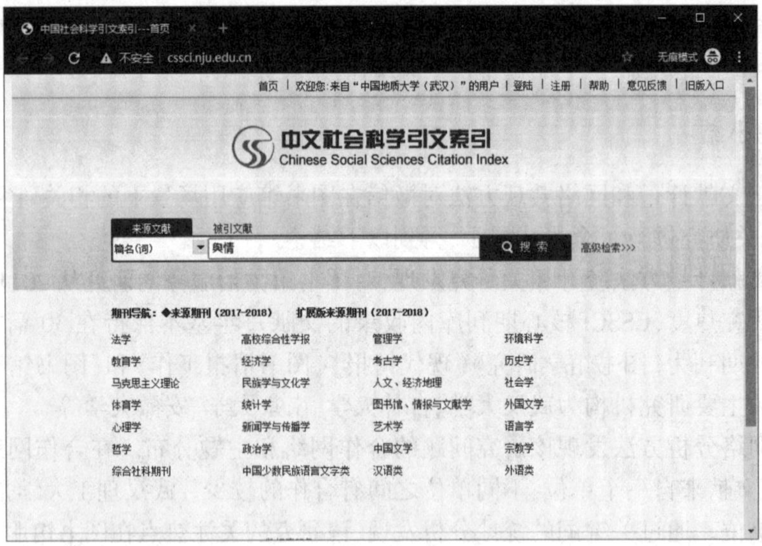

图 5-5 CSSCI 核心期刊搜索视图

将搜索结果进行过滤,过滤表达式为:关键词=舆情 AND 文献类型=论文 AND 学科类型=图书馆、情报与文献学 AND 年=2010—2019。

搜索提交界面,如图 5-6 所示。

---

① Chen, C.CiteSpace II: Detecting and Visualizng Emerging Trends and Transient Patterns in Scientific Literature. JASIST,2006,57(3), 359-377.

图 5-6　CSSCI 核心期刊搜索表达式视图

搜索后,得到结果 856 条,如图 5-7 所示。

图 5-7　CSSCI 核心期刊搜索结果视图

然后,将数据进行逐页、逐年导出成 CSSCI 的引文格式并统计,得到每年的文献,见表 5-9。

表 5-9 CSSCI 核心期刊论文篇数逐年统计表

年份	CSSCI 核心期刊论文篇数
2019	97
2018	118
2017	116
2016	133
2015	92
2014	93
2013	58
2012	66
2011	49
2010	34
总计	856

根据表 5-9,生成每年研究的趋势图,如图 5-8 所示。

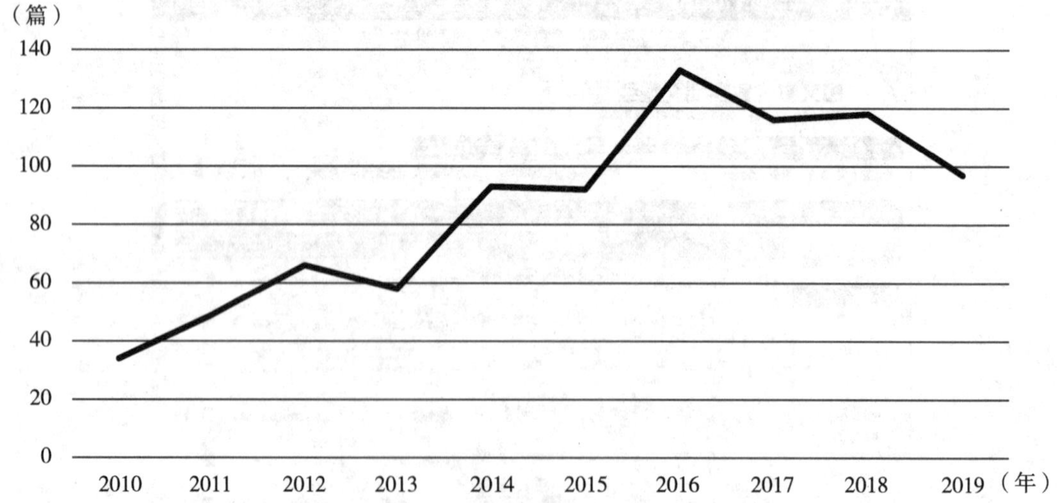

图 5-8 CSSCI 核心论文结果趋势图

从图 5-8 中可以看到,2015—2016 年相关研究最热,随后下降,每年占比如图 5-9 所示。

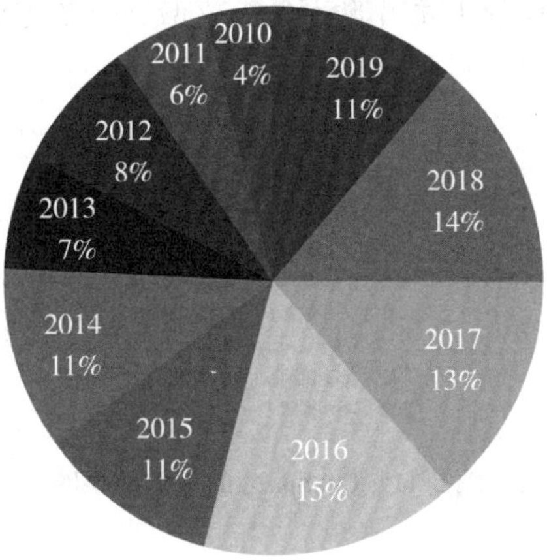

图 5-9　CSSCI 核心论文结果占比

从图 5-9 中可以看到,从绝对数量而言,过去四年的论文占论文总数的一半以上,说明"舆情"研究主题已经进入研究成熟期。通过 CSSCI 导出的引文格式并不能直接导入 CiteSpace,需要用 CiteSpace 的工具将数据转化为 Web of Science 的格式,然后才能进行可视化分析,CiteSpace 转化的工具如图 5-10 所示。

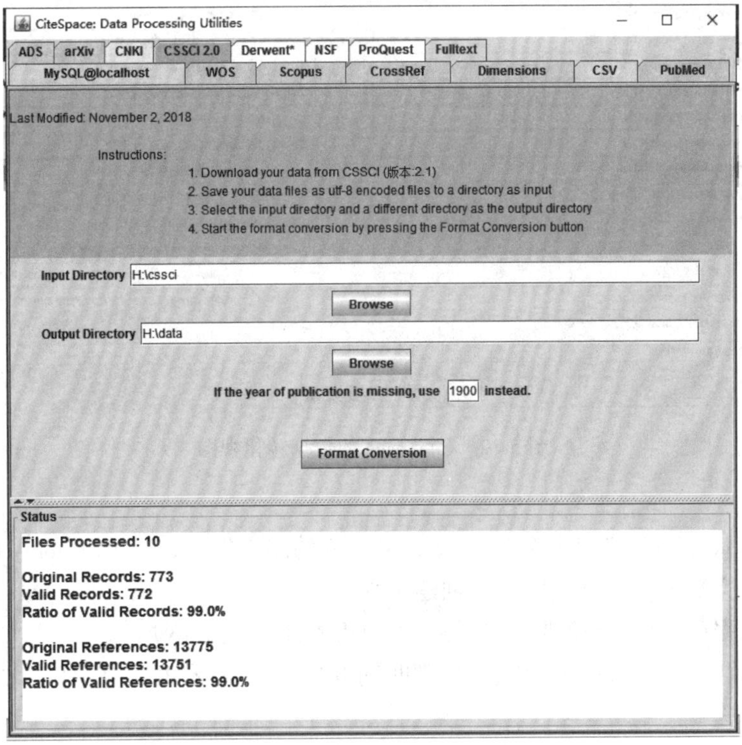

图 5-10　CiteSpace 的数据转化图

利用 CiteSpace 对上述 CSSCI 导出的 856 条数据进行数据转化,其中有效记录 772 条,如图 5-11 所示。

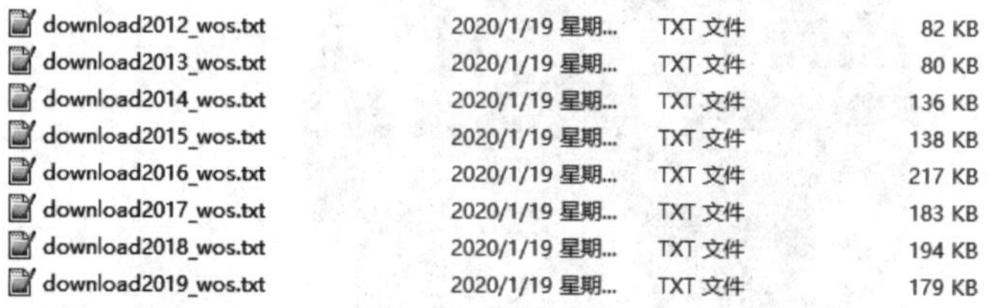

图 5-11　CiteSpace 的数据结果图

然后,基于转化后的 CSSCI 引文数据创建 CiteSpace 工程,如图 5-12 所示。

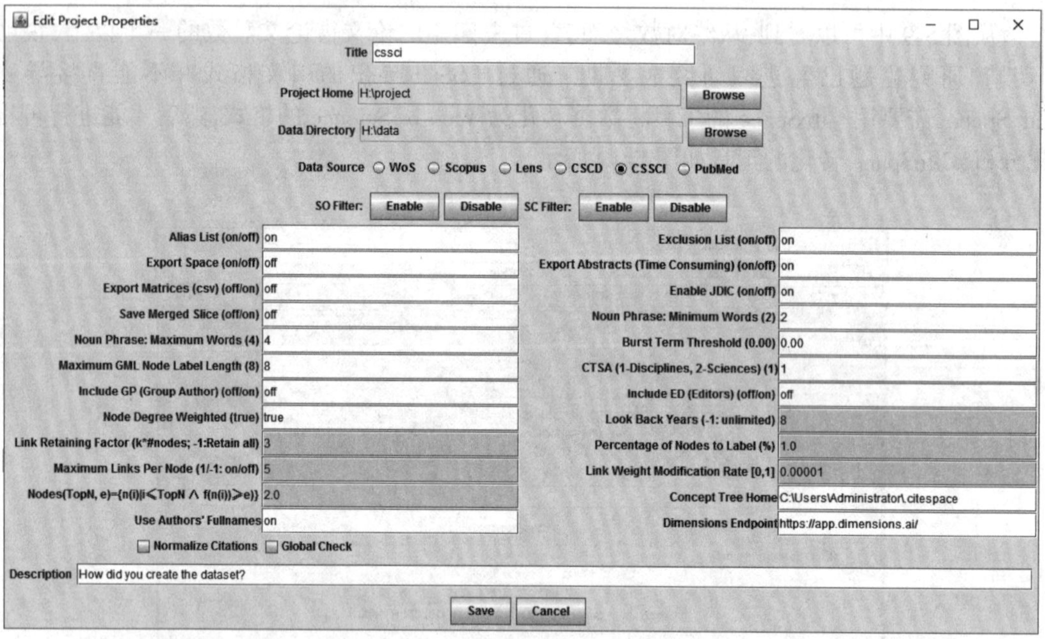

图 5-12　CiteSpace 的数据转化视图

其中,“Project Home”用于保存 CiteSpace 生成的图文件,“Data Directory”指向已经转化好的 CSSCI 引文数据,然后保存,进行创建工程。

创建好工程后,可以开始进行主面板,主面板界面如图 5-13 所示。

主面板的“Time Slicing”面板包含处理时间的分割类型,本书所有示例以 2010—2019 年为例,按年分割。

主面板的“Text Processing”面板包含处理的数据来源和数据类型。数据来源指对上述导出的 CSSCI 的文献中的特定字段进行分析,主要包含标题、摘要、关键词。而数据类型包

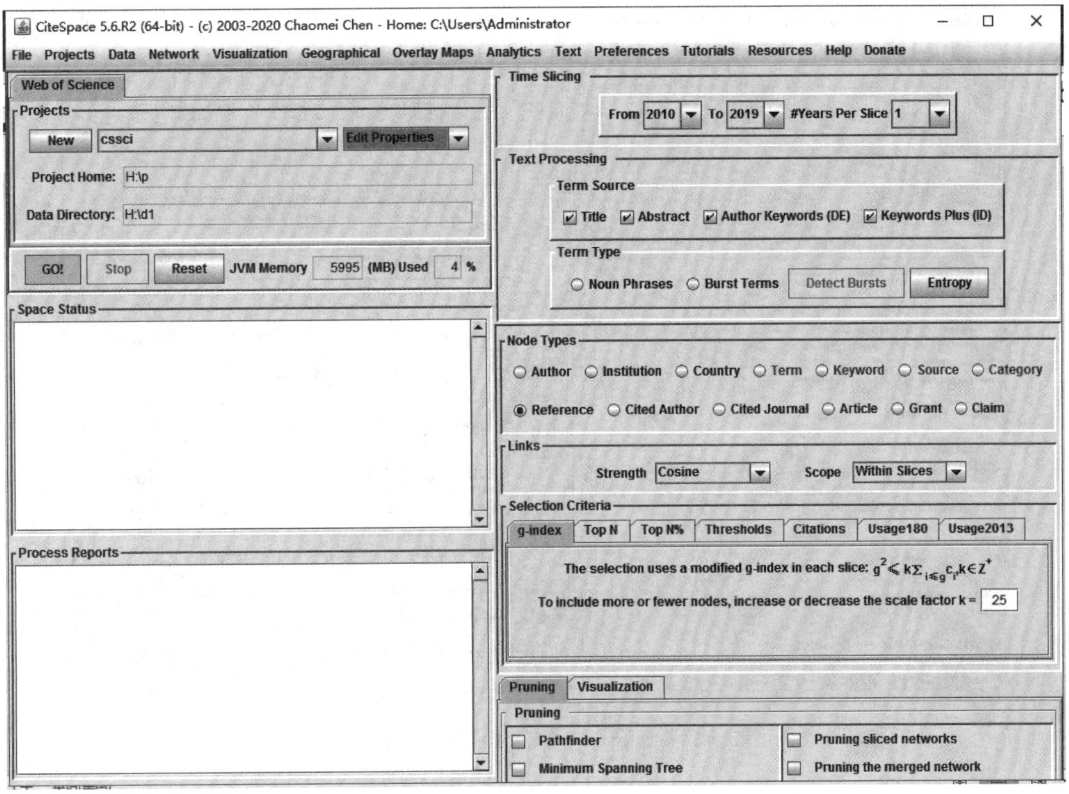

图 5-13 CiteSpace 的主面板

含"Noun Phrases"和"Burst Terms"。"Noun Phrases"指根据文献聚类分析出来的新技术点，而"Burst Terms"的中文含义为"突现词"，往往是新技术和旧技术的知识图谱连接的关键节点，指突然爆发性技术关键词。

主面板的"Node Types"面板包含的类型主要有以下 4 类。①作者、机构或者国家(或地区)的合作网络分析：反映作者、机构或者国家的发文量。②主题、关键词、来源或分类的共现分析：反映主题、关键词或者领域的频次。③文献的共被引分析、作者的共被引分析以及期刊的共被引分析：反映文献、期刊或者作者的被引次数，连线的颜色代表首次共被引的时间。④论文、授权书、权利要求书的耦合分析。本书的分析主要为前三种类型。

5.3.2 合作网络的可视化分析

对于合作网络分析，需要先设定分析的主面板，如图 5-14 所示。

其中，需要在"Node Types"面板选择合作网络分析的"Author""Institution"和"Country"选项，本书先分析作者，因此点击"Author"。其中，"Selection Criteria"用于选择引用类型。本书示例采用"Top N"算法，取前 50 项。"Pruning"面板和"Visualization"面板分别用于编辑结果可视化的网络。其中"Pruning"面板用于裁剪网络，本书示例不进行网络裁剪。"Visualization"面板用于显示聚类分析，本书示例的聚类配置为生成静态聚类视图。"Visualization"面板的配置如图 5-15 所示。

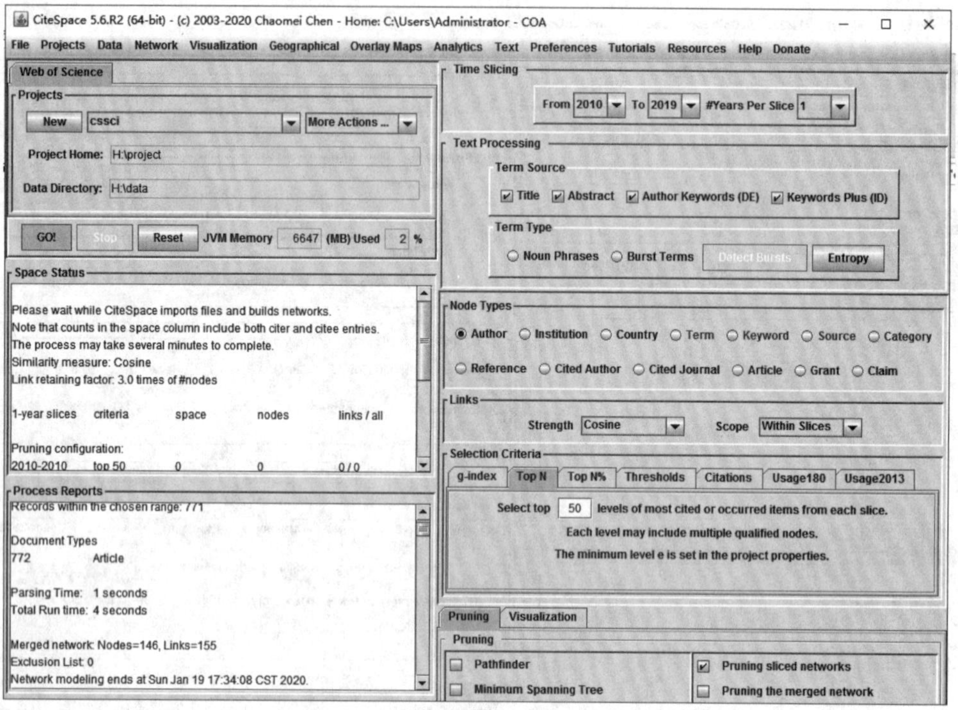

图 5-14　CiteSpace 的合作网络的作者分析

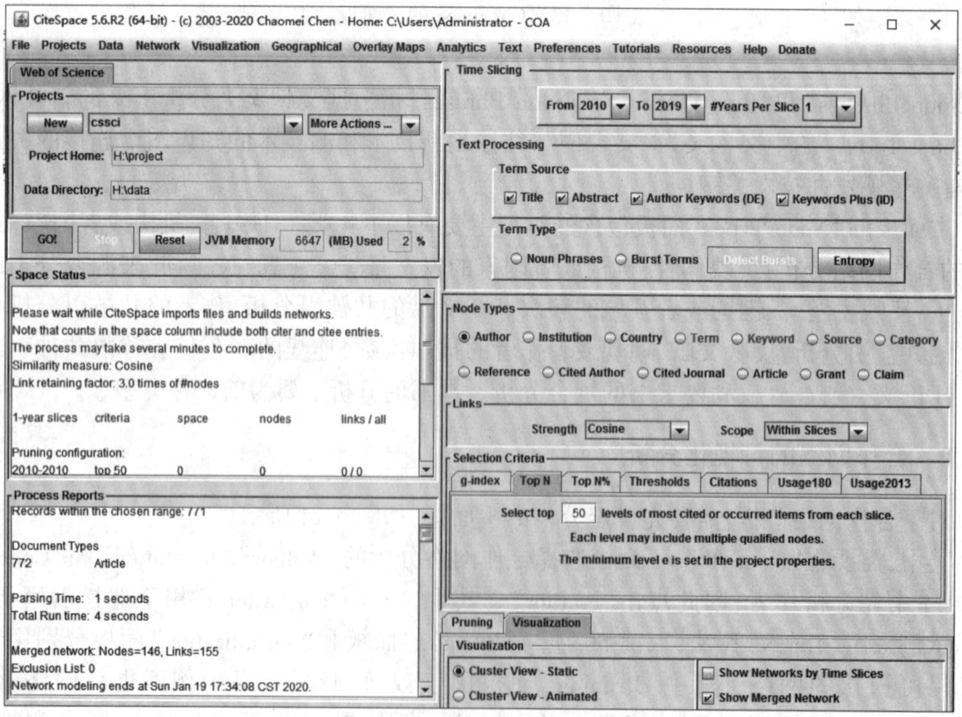

图 5-15　CiteSpace 的 Visualization 面板的配置图

配置完成后,点击左侧面板的“GO!”按钮进行数据分析。如果程序设定,后台“Space Status”面板和“Process Reports”面板就会输出处理日志,如果处理成功,就会弹出结果确认面板,如图 5-16 所示。

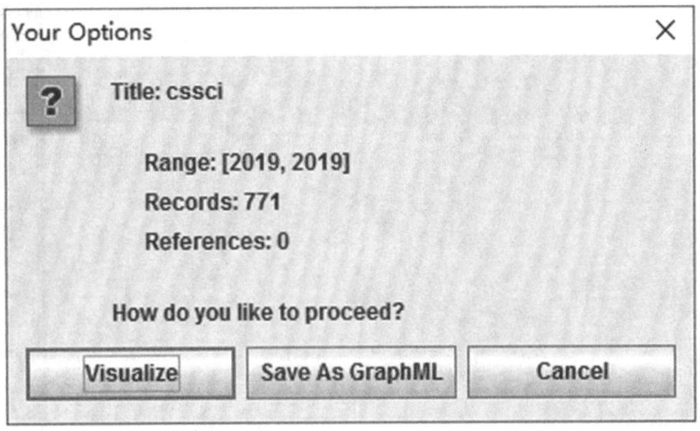

图 5-16　CiteSpace 的结果确认面板

然后,选择“Visualize”进行结果的可视化绘制。CiteSpace 在动态绘制过程中结果为黑色背景,一旦绘制完成,背景色会变成白色。绘制过程如图 5-17 所示。

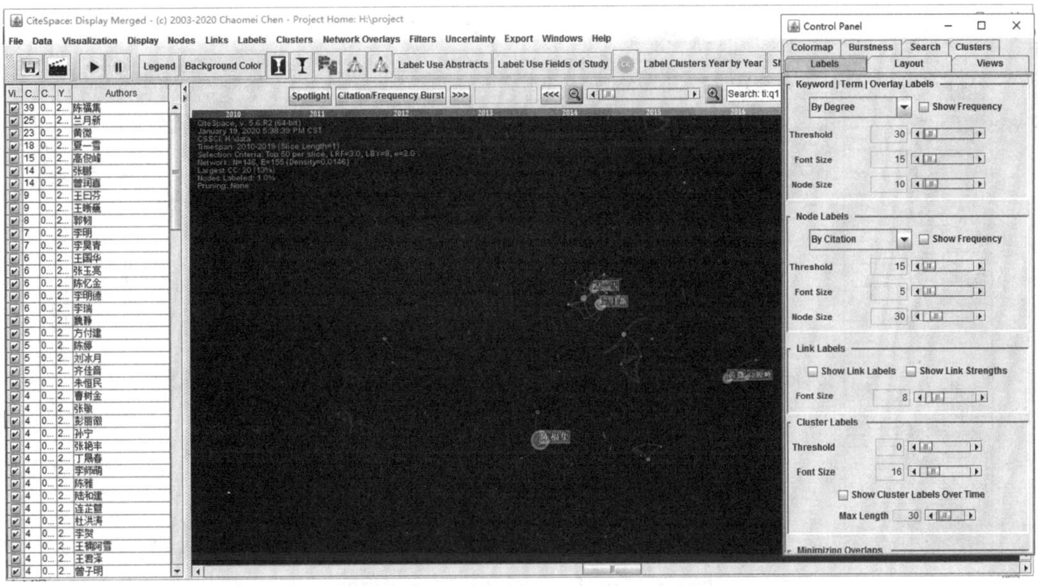

图 5-17　CiteSpace 的分析结果可视化绘制图

可视化绘制时,会弹出“Control Panel”面板,该面板主要用于对可视化的结果进行控制,提高生成的结果图的可读性。结果可视化绘制完成图,如图 5-18 所示。

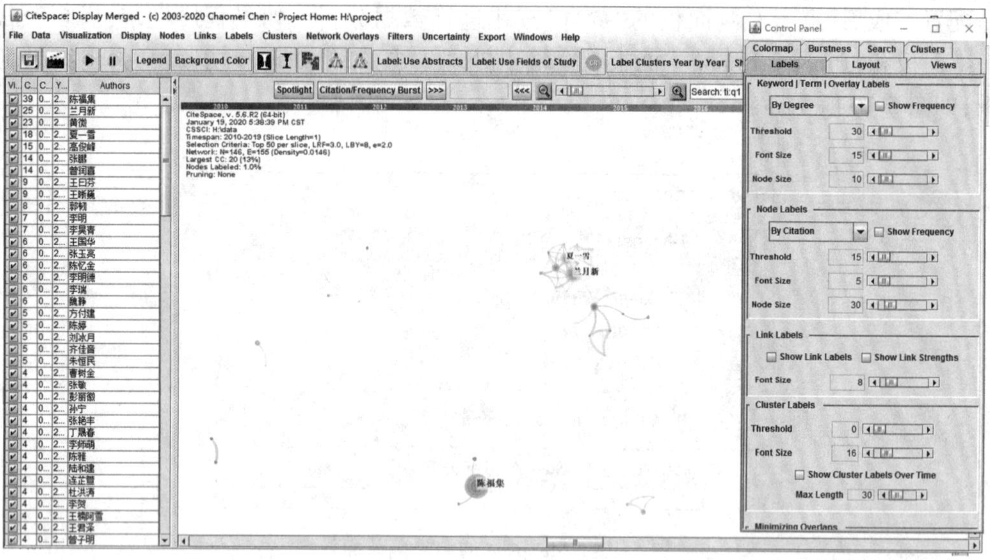

图 5-18 CiteSpace 的分析结果可视化结果图

其中,“>>>”和“<<<”用于选择时间切片的分析时间段,例如,通过调整“>>>”选择“2019—2019”的结果,如图 5-19 所示。

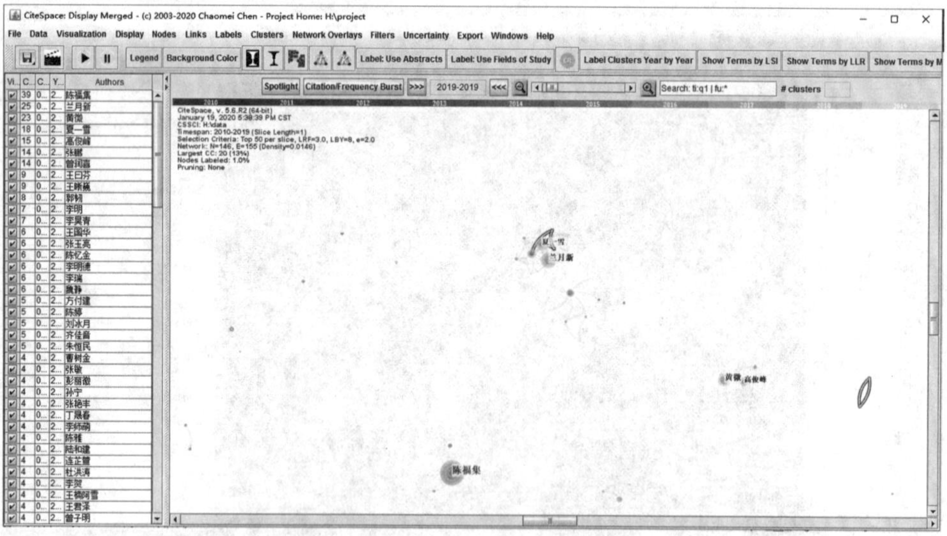

图 5-19 CiteSpace 的作者可视化视图

从图 5-19 中可以看到,2019 年作者合作关系的节点的边会被着色,这样的目的是方便可视化分析。从图中可以看到,舆情研究领域的“陈福集”“夏一雪”“兰月新”“黄微”和“高俊峰”的节点明显,合作影响力较大,并且“兰月新”2019 年的合作网络较为密集。用右键点击“兰月新”,可以查看具体的文章数据,如图 5-20 所示。

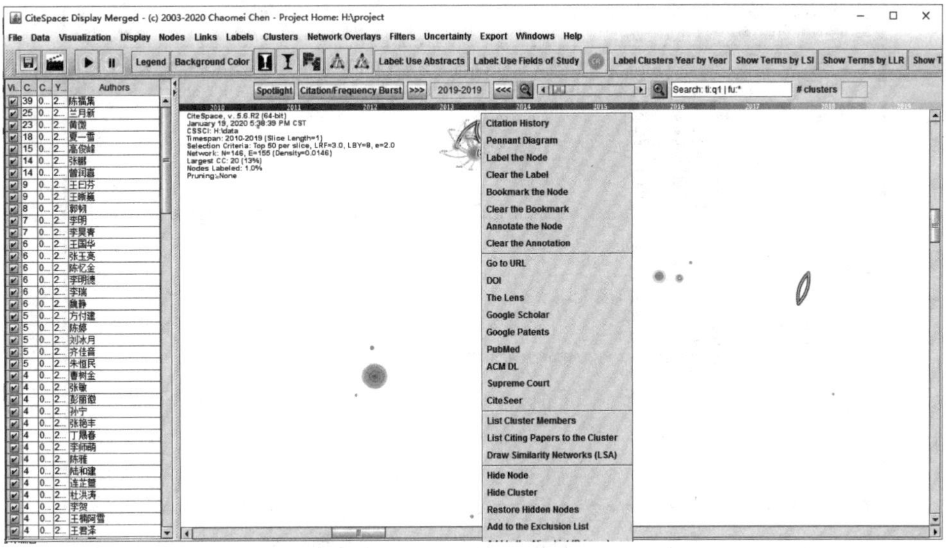

图 5-20 CiteSpace 的作者可视化详情图

点击"Citation History"查看详情,如图 5-21 所示。

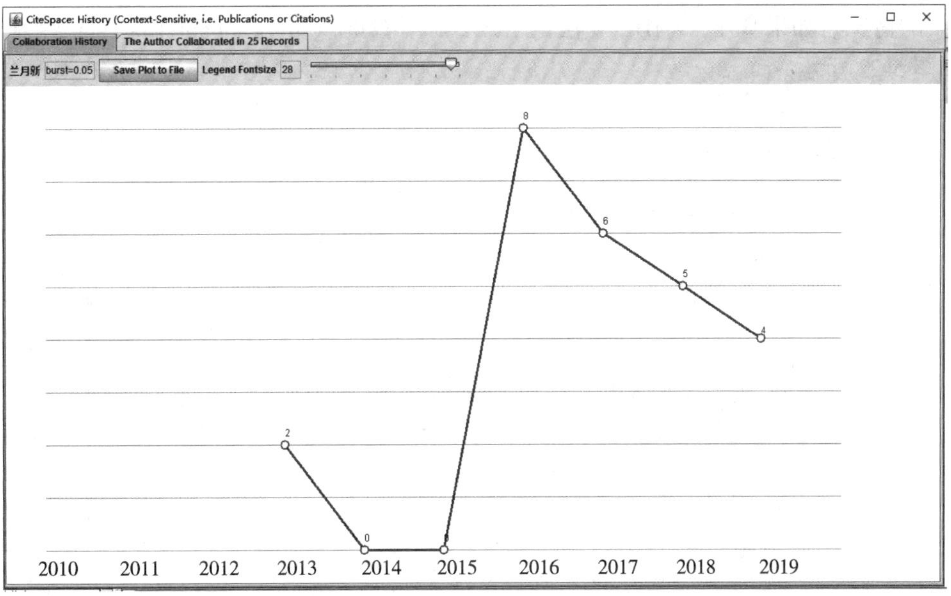

图 5-21 CiteSpace 的作者历年数据图

其中,"Collaboration History"面板代表作者每年合作文章的情况,横轴代表时间(本例为 2010—2019 年),纵轴代表文章篇数。也可以通过"The Author Collaborated in 25 Records"面板看到作者合作文章的详情,如图 5-22 所示。

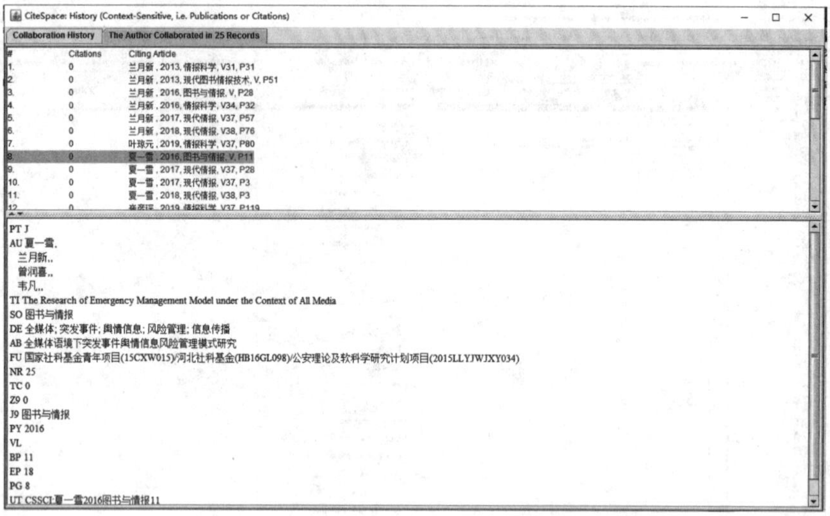

图 5-22　CiteSpace 的作者合作文章详情图

从图 5-22 中可以看到,“夏一雪”和“兰月新”合作的文章的详情,如 2016 年发表在《图书与情报》的文章 *The Research of Emergency Management Model under the Context of All Media*,“夏一雪”为第一作者,“兰月新”为第二作者。研究作者的合作网络可以快速了解相关学术带头人的情况。如果基于 TF-IDF 算法的分析,则用右键点击“Pennant Diagram”生成分析图,如图 5-23 所示。

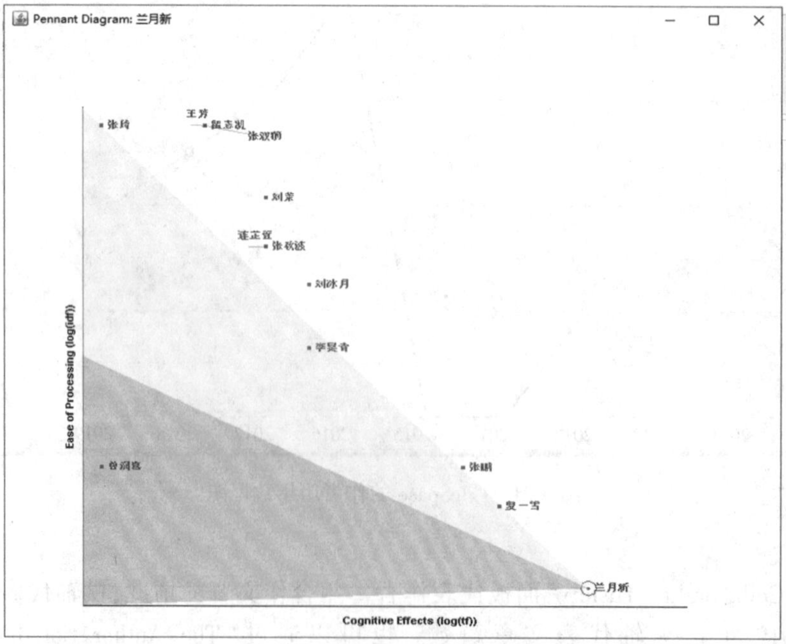

图 5-23　CiteSpace 的作者合作网的 Pennant 图

其中,横轴代表词频(TF)的对数,纵轴代表文档逆向词频的对数(IDF)。如果需要对指定作者的所有合作网络进行分析,用左键点击作者名称,则可以看到该作者的合作网络图,如图 5-24 所示。

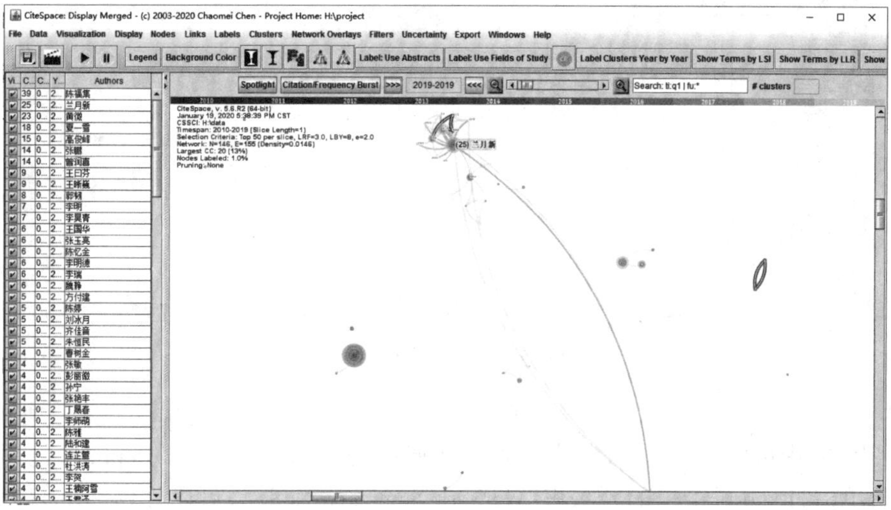

图 5-24 CiteSpace 的作者合作网络详情图

点击“Spotlight”按钮,则可以自动监测到合作网络中的簇(“簇”即是“聚类”),其中,节点代表作者,节点大小代表合作关系的数量,如图 5-25 所示。

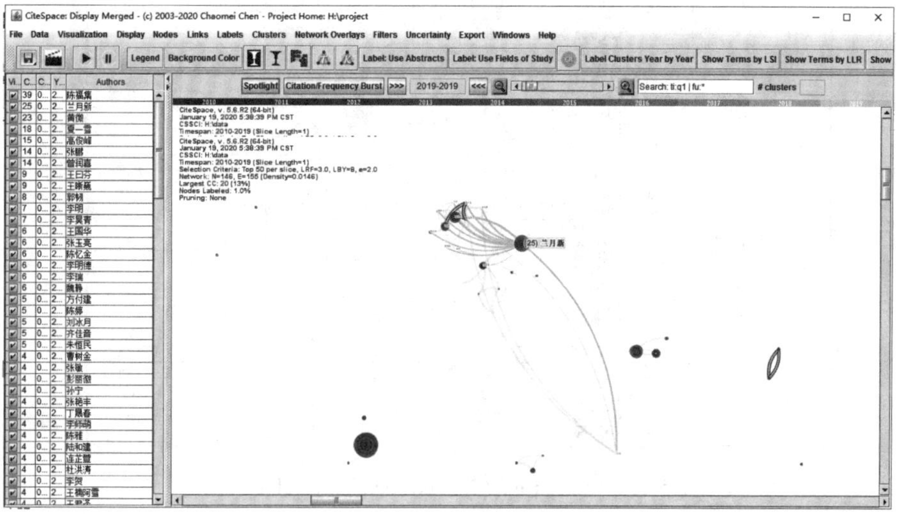

图 5-25 CiteSpace 的 Spotlight 视图

点击“Clusters”的“Find Clusters”按钮,可以分析作者合作时的研究主题,如图 5-26 所示。

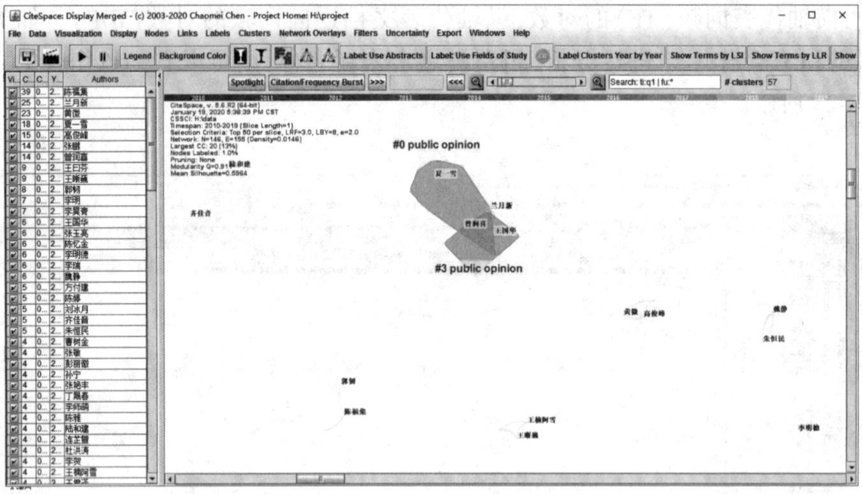

图 5-26　CiteSpace 的 Clusters 视图

从图 5-26 中可以看到,相关作者合作主要研究的主题词为“public opinion”。另外,通过点击菜单栏“Export”菜单的子菜单“Network Summary Table”,可以计算网络的中心度等参数,如图 5-27 所示。

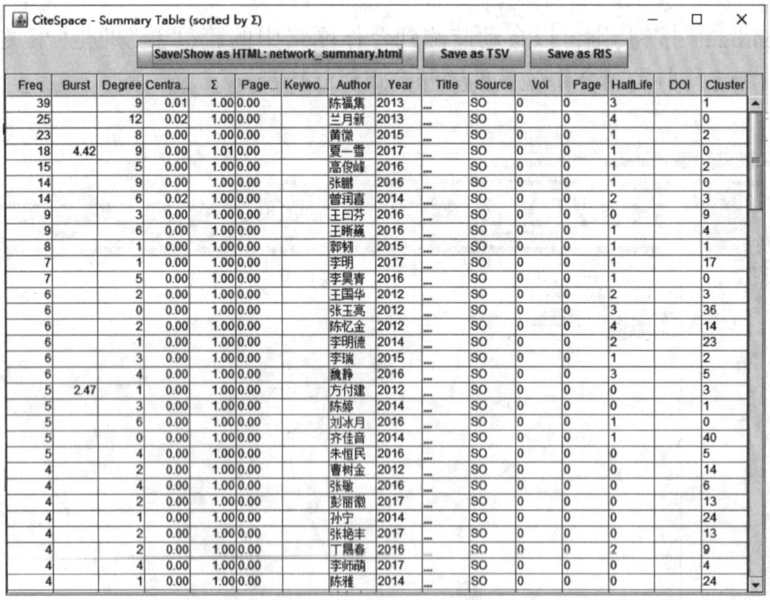
CiteSpace - Summary Table (sorted by Σ)

Save/Show as HTML: network_summary.html　Save as TSV　Save as RIS

Freq	Burst	Degree	Centra...	Σ	Page...	Keywo...	Author	Year	Title	Source	Vol	Page	HalfLife	DOI	Cluster
39		9	0.01	1.00	0.00		陈福集	2013	...	SO	0	0	3		1
25		12	0.02	1.00	0.00		兰月新	2013	...	SO	0	0	4		0
23		8	0.00	1.00	0.00		黄微	2015	...	SO	0	0	1		2
18	4.42	9	0.00	1.01	0.00		夏一雪	2017	...	SO	0	0	1		0
15		5	0.00	1.00	0.00		高俊峰	2016	...	SO	0	0	1		2
14		9	0.00	1.00	0.00		张鹏	2016	...	SO	0	0	1		0
14		6	0.02	1.00	0.00		曾润喜	2014	...	SO	0	0	2		3
9		3	0.00	1.00	0.00		王曰芬	2016	...	SO	0	0	0		9
9		6	0.00	1.00	0.00		王晰巍	2016	...	SO	0	0	1		4
8		1	0.00	1.00	0.00		郭韧	2015	...	SO	0	0	1		1
7		1	0.00	1.00	0.00		李明	2017	...	SO	0	0	1		17
7		5	0.00	1.00	0.00		李昊青	2016	...	SO	0	0	1		0
6		2	0.00	1.00	0.00		王国华	2012	...	SO	0	0	2		3
6		0	0.00	1.00	0.00		张玉亮	2012	...	SO	0	0	3		36
6		2	0.00	1.00	0.00		陈忆金	2012	...	SO	0	0	4		14
6		1	0.00	1.00	0.00		李明德	2014	...	SO	0	0	2		23
6		3	0.00	1.00	0.00		李瑞	2015	...	SO	0	0	1		2
6		4	0.00	1.00	0.00		魏静	2016	...	SO	0	0	3		5
5	2.47	1	0.00	1.00	0.00		方付建	2012	...	SO	0	0	0		3
5		3	0.00	1.00	0.00		陈婷	2014	...	SO	0	0	0		1
5		6	0.00	1.00	0.00		刘冰月	2016	...	SO	0	0	1		0
5		0	0.00	1.00	0.00		齐佳音	2014	...	SO	0	0	1		40
5		4	0.00	1.00	0.00		朱恒民	2016	...	SO	0	0	0		5
4		2	0.00	1.00	0.00		曹树金	2012	...	SO	0	0	0		14
4		4	0.00	1.00	0.00		张敏	2016	...	SO	0	0	0		6
4		2	0.00	1.00	0.00		彭丽徽	2017	...	SO	0	0	0		13
4		1	0.00	1.00	0.00		孙宁	2014	...	SO	0	0	0		24
4		2	0.00	1.00	0.00		张艳丰	2017	...	SO	0	0	0		13
4		2	0.00	1.00	0.00		丁晟春	2016	...	SO	0	0	2		9
4		4	0.00	1.00	0.00		李师萌	2017	...	SO	0	0	0		4
4		1	0.00	1.00	0.00		陈雅	2014	...	SO	0	0	0		24

图 5-27　CiteSpace 的 Network Summary Table 视图

如果需要进一步了解合作网络的聚类分析,则可以点击“Export”菜单的子菜单“Generate a Narrative”进行导出,生成“Narrative Summary”视图,结果如图 5-28 所示。

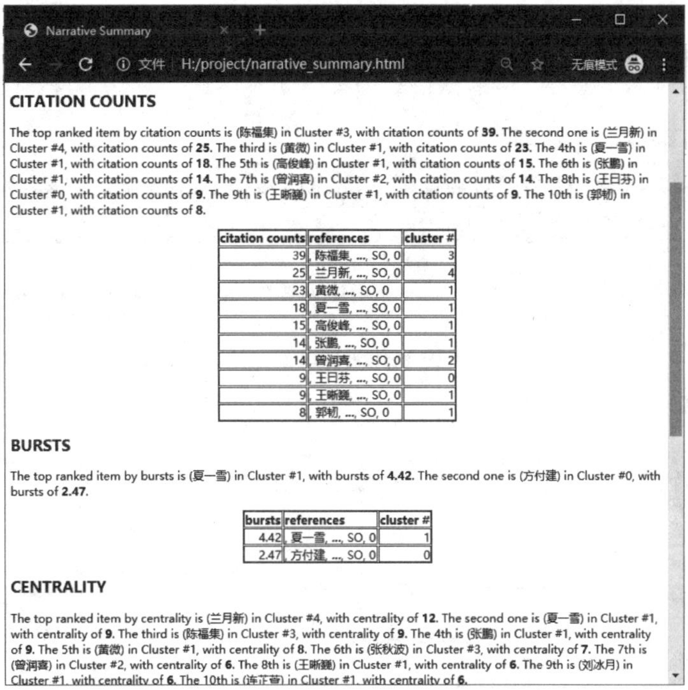

Narrative Summary

H:/project/narrative_summary.html

CITATION COUNTS

The top ranked item by citation counts is (陈福集) in Cluster #3, with citation counts of **39**. The second one is (兰月新) in Cluster #4, with citation counts of **25**. The third is (黄微) in Cluster #1, with citation counts of **23**. The 4th is (夏一雪) in Cluster #1, with citation counts of **18**. The 5th is (高俊峰) in Cluster #1, with citation counts of **15**. The 6th is (张鹏) in Cluster #1, with citation counts of **14**. The 7th is (曾润喜) in Cluster #2, with citation counts of **14**. The 8th is (王日芬) in Cluster #0, with citation counts of **9**. The 9th is (王晰巍) in Cluster #1, with citation counts of **9**. The 10th is (郭韧) in Cluster #1, with citation counts of **8**.

citation counts	references	cluster #
39	, 陈福集, ..., SO, 0	3
25	, 兰月新, ..., SO, 0	4
23	, 黄微, ..., SO, 0	1
18	, 夏一雪, ..., SO, 0	1
15	, 高俊峰, ..., SO, 0	1
14	, 张鹏, ..., SO, 0	1
14	, 曾润喜, ..., SO, 0	2
9	, 王日芬, ..., SO, 0	0
9	, 王晰巍, ..., SO, 0	1
8	, 郭韧, ..., SO, 0	1

BURSTS

The top ranked item by bursts is (夏一雪) in Cluster #1, with bursts of **4.42**. The second one is (方付建) in Cluster #0, with bursts of **2.47**.

bursts	references	cluster #
4.42	, 夏一雪, ..., SO, 0	1
2.47	, 方付建, ..., SO, 0	0

CENTRALITY

The top ranked item by centrality is (兰月新) in Cluster #4, with centrality of **12**. The second one is (夏一雪) in Cluster #1, with centrality of **9**. The third is (陈福集) in Cluster #3, with centrality of **9**. The 4th is (张鹏) in Cluster #1, with centrality of **9**. The 5th is (黄微) in Cluster #1, with centrality of **8**. The 6th is (张秋波) in Cluster #3, with centrality of **7**. The 7th is (曾润喜) in Cluster #2, with centrality of **6**. The 8th is (王晰巍) in Cluster #1, with centrality of **6**. The 9th is (刘冰月) in Cluster #1, with centrality of **6**. The 10th is (连芷萱) in Cluster #1, with centrality of **6**.

图 5-28 CiteSpace 的 Narrative Summary 视图

同理,如果基于机构的合作网络分析,则需要进行分析配置,如图 5-29 所示。

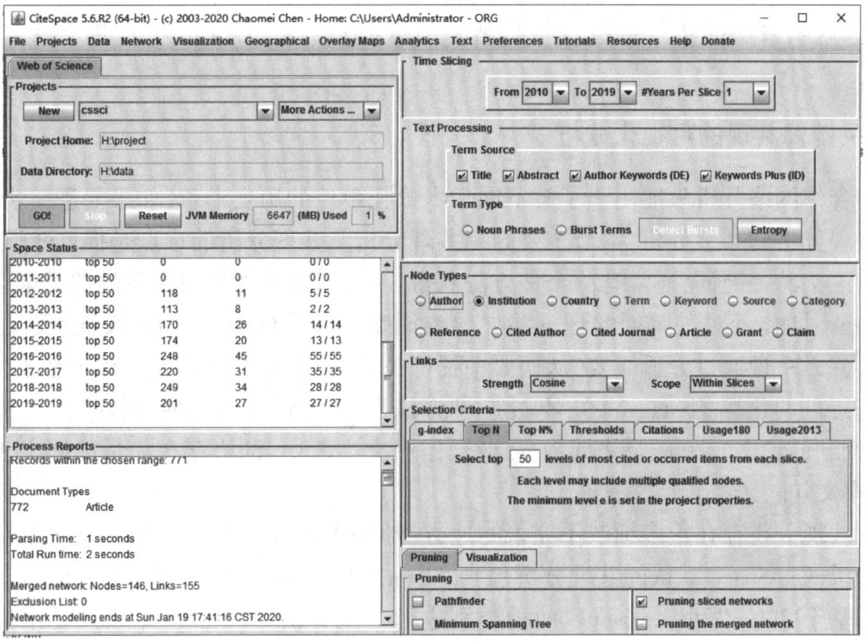

图 5-29 CiteSpace 的合作机构分析配置

按照作者分析的方法,点击“GO!”按钮,生成机构合作关系图,并点击“Visualize”进行可视化,结果如图 5-30 所示。

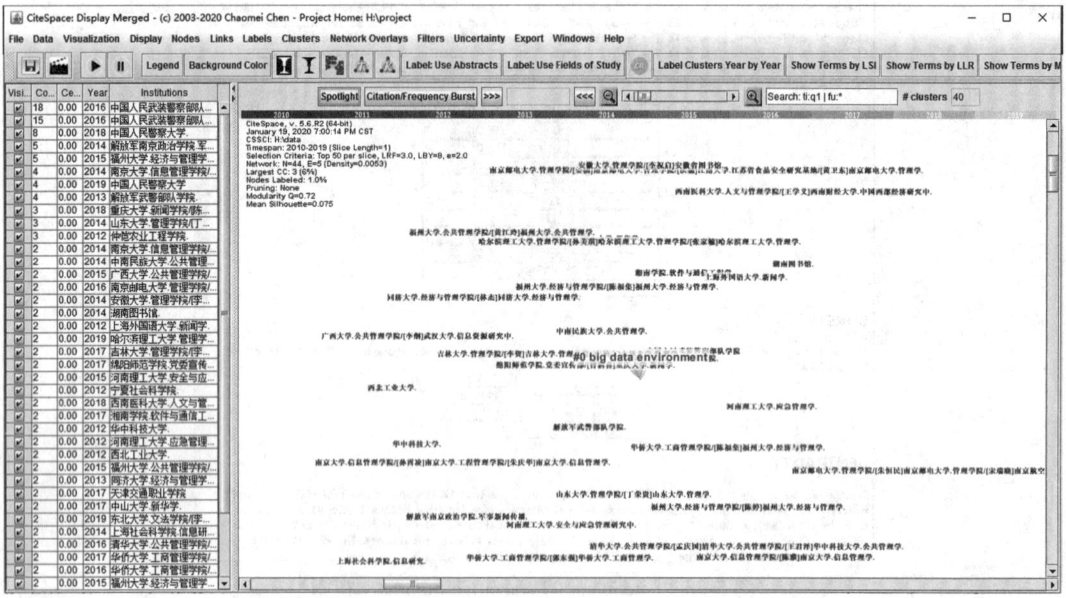

图 5-30 CiteSpace 的合作机构聚类分析

从图 5-30 中可以看到,关于“舆情”的研究,合作单位的共同研究较少,其中最多的是“中国人民武装警察部队”学院。同理,基于国家(或地区)的分析方法也一样,本书不再赘述。

5.3.3 关键词共现的可视化分析

上述合作网络分析只能用于了解不同学术依托单位的历史沿革,如果要进一步分析,需要进行共现分析和共引分析,本节主要介绍共现分析。共现分析的难点是提炼领域词库。

一篇论文的关键词,通常有两个种方法获得:一种通过作者发表文章的关键词创建领域词库,但是不同作者对关键词的理解差异导致词库需要进行加工,如同义词、反义词、上位词、下位词;另一种通过分析摘要,从摘要中提炼关键词,这种方法的优势在于基于统计规律对文章进行自动化标签(tagging),不过这种方法对中文文献来说难度较大。对英文文献(如 SCI 期刊的论文)来说,空格即为分词符,但中文文献中,词语存在大量的同义表达和歧义词,且中文句式语法较英文复杂。

尽管共现分析存在很多细节不完善的地方,却是主题分析最重要的方法。本节主要进行共现分析,CiteSpace 默认的共现分析包含“Term”“Keyword”“Source”和“Category”四类。

本书基于“Term”和“Keyword”两种类别进行共现分析。“Term”即从摘要中提炼关键词。“Keyword”即作者文章元数据定义的关键词或者 CiteSpace 自带关键词库。对于“Keyword”分析,首先需要进行配置和生成,如图 5-31 所示。

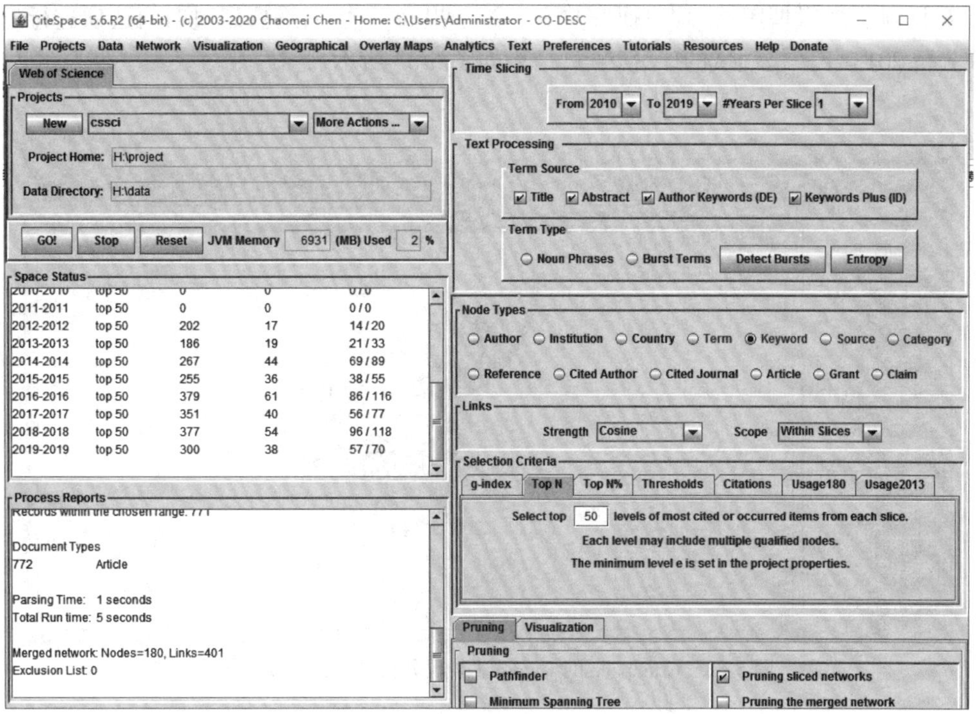

图 5-31　CiteSpace 的 Keyword 共现分析配置图

配置完成后点击“GO!”按钮进行生成并可视化，生成的结果如图 5-32 所示。

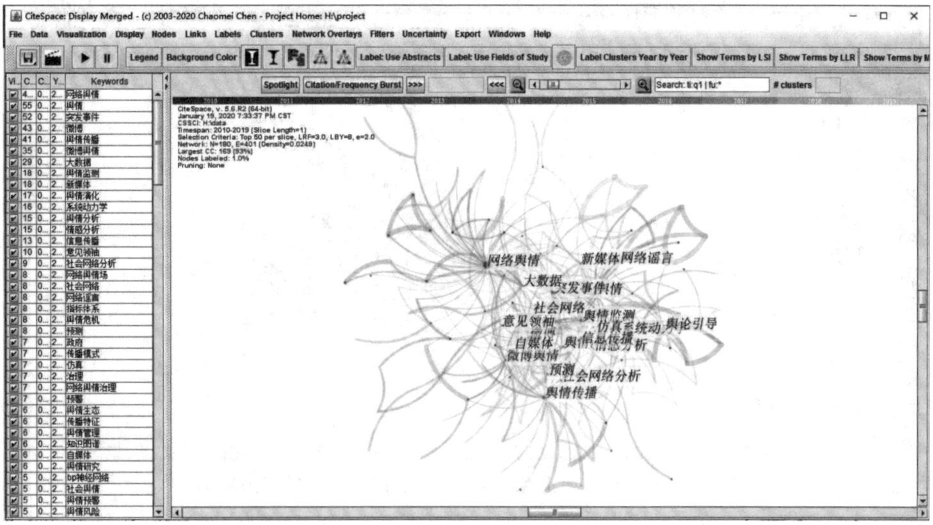

图 5-32　CiteSpace 的 Keyword 共现分析结果图

从图 5-32 中可以看到，最近 10 年来“舆情”研究的热点关键词，其中“网络舆情”“大数据”“意见领袖”“微博舆情”均是研究热点。为了提高可读性，需要通过时间选项进行过滤，如只分析 2013 年舆情领域的研究热点，结果如图 5-33 所示。

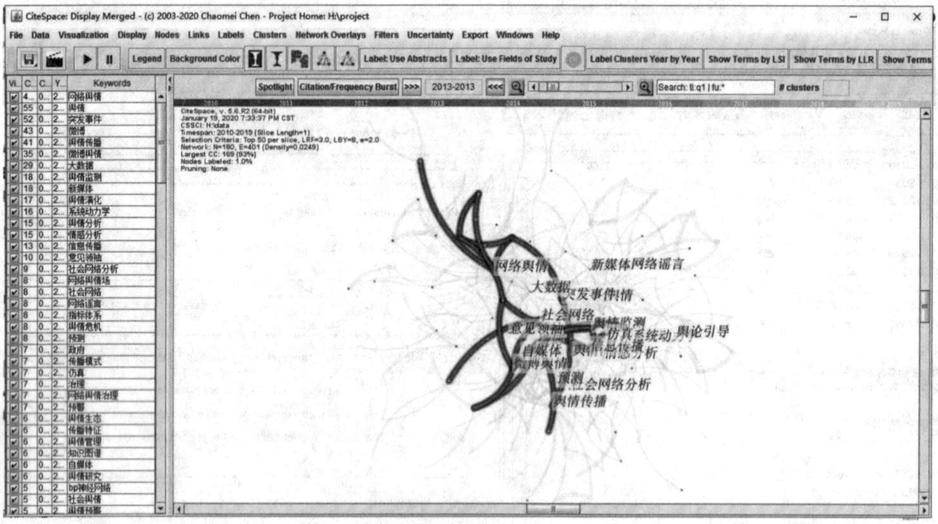

图 5-33　CiteSpace 的 Keyword 共现分析结果图(2013 年)

从图 5-33 中可以发现 2013 年“舆情”领域的研究热点，如“社会网络”，但是如果选择 2018 年，则结果不同，如图 5-34 所示。

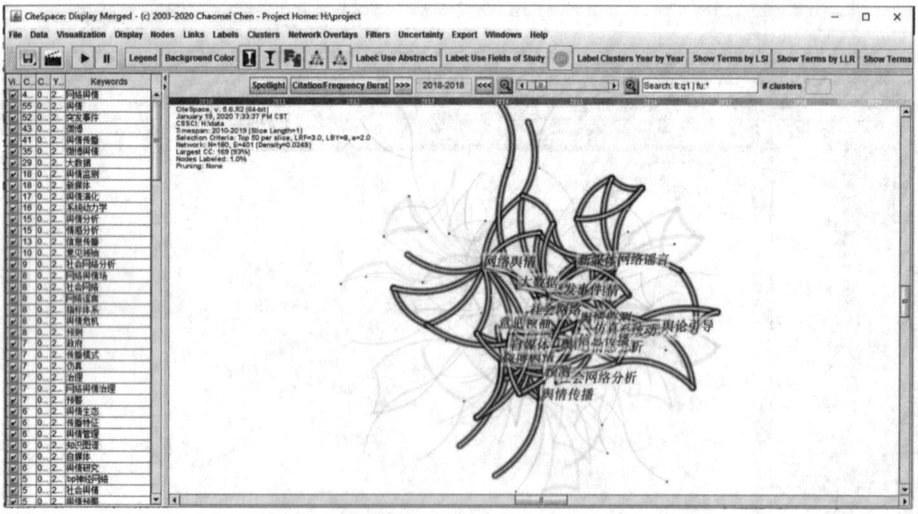

图 5-34　CiteSpace 的 Keyword 共现分析结果图(2018 年)

从 2018 年的数据可以看到，在 2018 年，“新媒体网络谣言”也是研究热点。如果利用聚类分析，则可以生成研究的聚类主题，并且可以清楚看到这些聚类的英文主题和关键词的分布关系。英文主题主要根据英文摘要(即“Term”方法)生成，如图 5-35 所示。

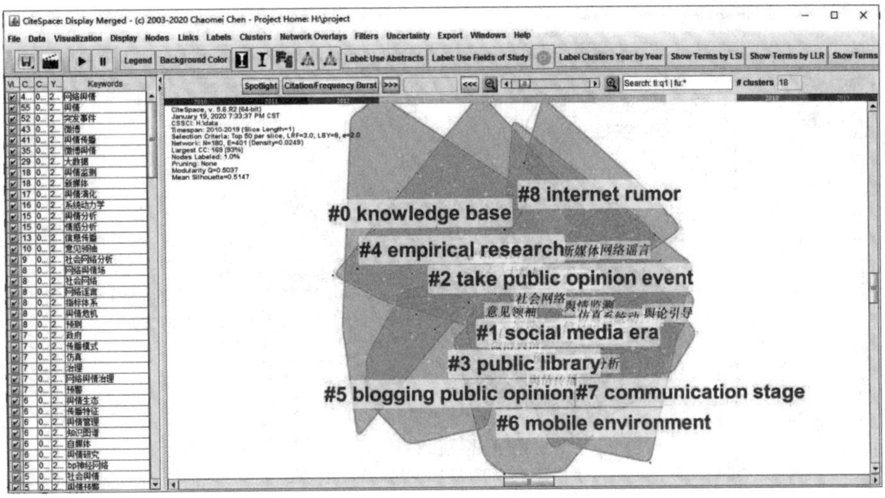

图 5-35　CiteSpace 的主题共现分析结果图

从图 5-35 中可以看到，最热的研究主题（即“簇”）是“#1 social media era”和“#2 take public opinion event”，其中“#1”和“#2”代表簇序号。可以根据基于关键词共现的分析，分析不同主题中最热的关键词分布。同时，也可以基于关键词对聚类的主题进行标记，点击“Clusters”菜单的子菜单“Extract Cluster Labels”的“Label：Use Keywords”选项，即基于作者提供的关键词进行生成，如图 5-36 所示。

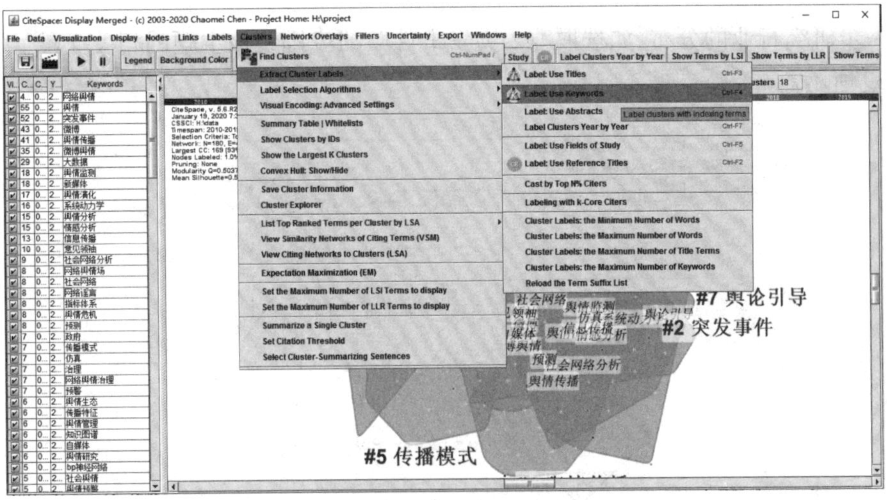

图 5-36　基于 Keyword 进行标记操作图

点击后，可以更好地看到研究主题的聚类分布，如图 5-37 所示。

从图 5-37 中可以看到中文聚类主题和关键词分布的关系。其中“前沿主题”“突发事件”均为根据关键词分析的研究热点。点击“Summary Table”查看聚类详情，如图 5-38 所示。

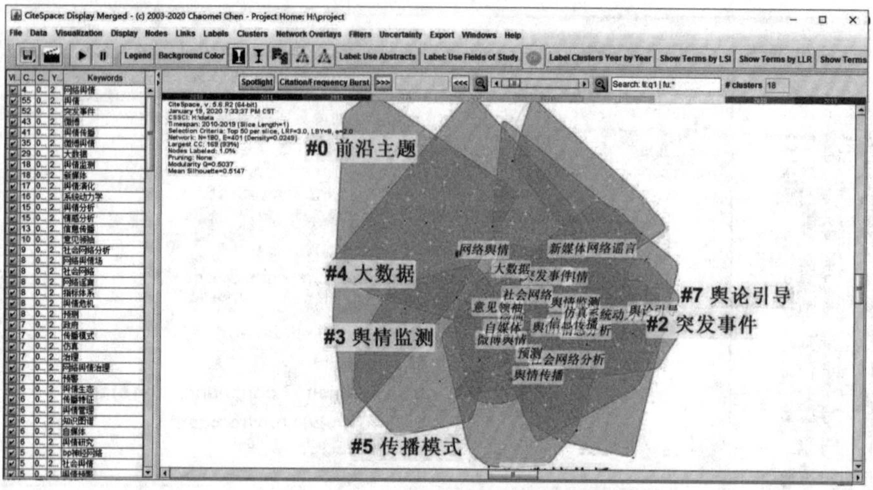

图 5-37　基于 Keyword 进行标记的结果图

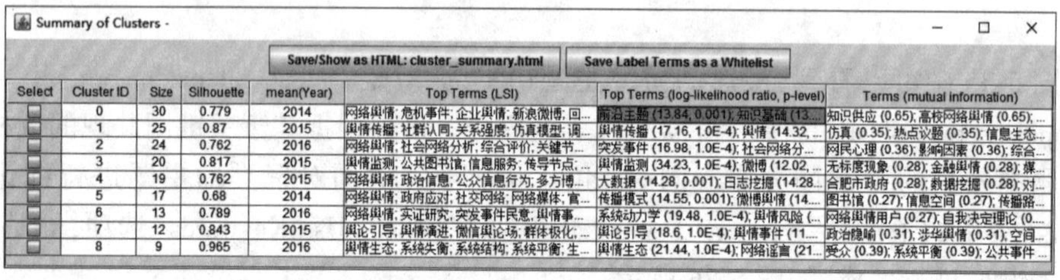

Summary of Clusters -

Save/Show as HTML: cluster_summary.html　Save Label Terms as a Whitelist

Select	Cluster ID	Size	Silhouette	mean(Year)	Top Terms (LSI)	Top Terms (log-likelihood ratio, p-level)	Terms (mutual information)
	0	30	0.779	2014	网络舆情; 危机事件; 企业舆情; 新浪微博; 回...	前沿主题 (13.84, 0.001); 知识基础 (13....	知识供应 (0.65); 高校网络舆情 (0.65); ...
	1	25	0.87	2015	舆情传播; 社群认同; 关系强度; 仿真模型; 调...	舆情传播 (17.16, 1.0E-4); 舆情 (14.32, ...	仿真 (0.35); 热点议题 (0.35); 信息生态...
	2	24	0.762	2016	网络舆情; 社会网络分析; 综合评价; 关键节...	突发事件 (16.98, 1.0E-4); 社会网络分...	网民心理 (0.36); 影响因素 (0.36); 综合...
	3	20	0.817	2015	舆情监测; 公共图书馆; 信息服务; 传导节点; ...	舆情监测 (34.23, 1.0E-4); 微博 (12.02, ...	无标度现象 (0.28); 金融舆情 (0.28); 媒...
	4	19	0.762	2015	网络舆情; 政治信息; 公众信息行为; 多方博...	大数据 (14.28, 0.001); 日志挖掘 (14.28...	合肥市政府 (0.28); 数据挖掘 (0.28); 对...
	5	17	0.68	2014	网络舆情; 政府应对; 社交网络; 网络媒体; 官...	传播模式 (14.55, 0.001); 微博舆情 (14....	图书馆 (0.27); 信息空间 (0.27); 传播路...
	6	13	0.789	2016	网络舆情; 实证研究; 突发事件民意; 舆情事...	系统动力学 (19.48, 1.0E-4); 舆情风险 (...	网络舆情用户 (0.27); 自我决定理论 (0....
	7	12	0.843	2015	舆论引导; 舆情演进; 微信舆论场; 群体极化; ...	舆论引导 (18.6, 1.0E-4); 舆情事件 (11....	政治隐喻 (0.31); 涉华舆情 (0.31); 空间...
	8	9	0.965	2016	舆情生态; 系统失衡; 系统结构; 系统平衡; 生...	舆情生态 (21.44, 1.0E-4); 网络谣言 (21...	受众 (0.39); 系统平衡 (0.39); 公共事件 ...

图 5-38　基于 Keyword 进行定量分析图

进一步研究行业的分布，如选取“#2 突发事件”，研究围绕该主题的相关文献，生成结果如图 5-39 所示。

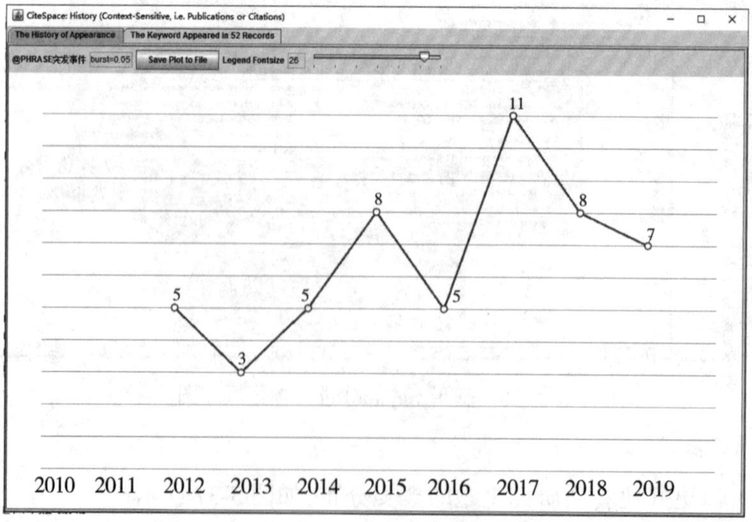

图 5-39　基于“突发事件”聚类的文献分布图

从图 5-39 可以看到，关于“突发事件”的研究成果主要集中在 2017 年，进一步研究相关文献，点击“The Keyword Appeared in 52 Records”面板可以看到具体分析，如图 5-40 所示。

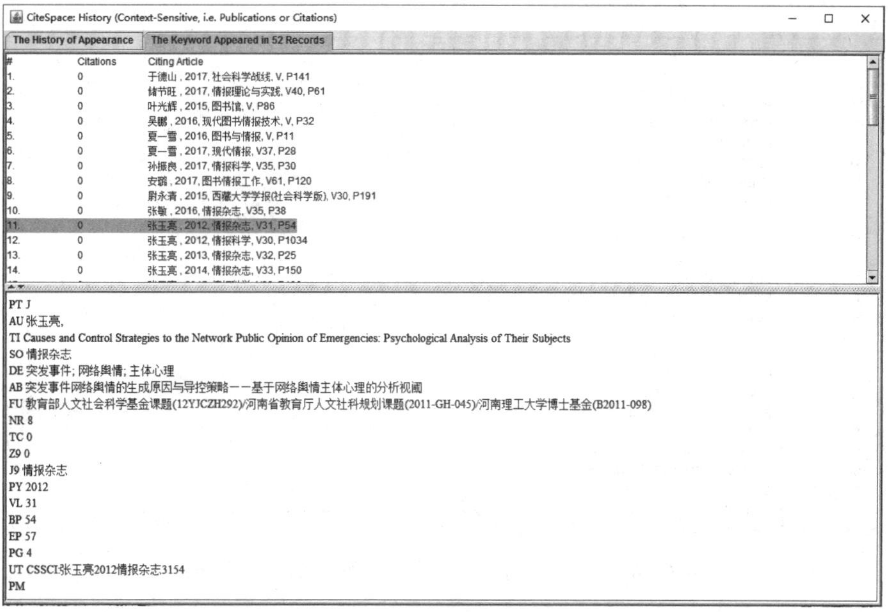

图 5-40 基于“突发事件”聚类的文献详情图

从图 5-40 中可以看到，相关文献的“DE”字段均包含关键词“突发事件”，此类方法是基于作者提供的关键词进行聚类分析。同理，如果基于“Term”分析方法，可以看到“突发事件”和英文关键词的分布关系，如图 5-41 所示。

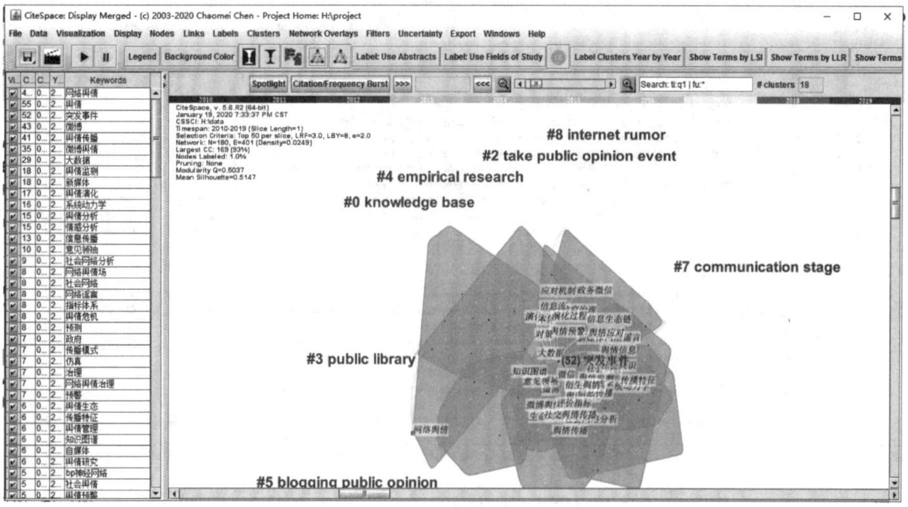

图 5-41 基于“突发事件”的聚类图(基于“Term”分析)

右键点击“List Citing Papers to the Cluster”，可以看到该簇的关键词分布以及对应的文献，以“#7 Communication Stage”为例，如图 5-42 所示。

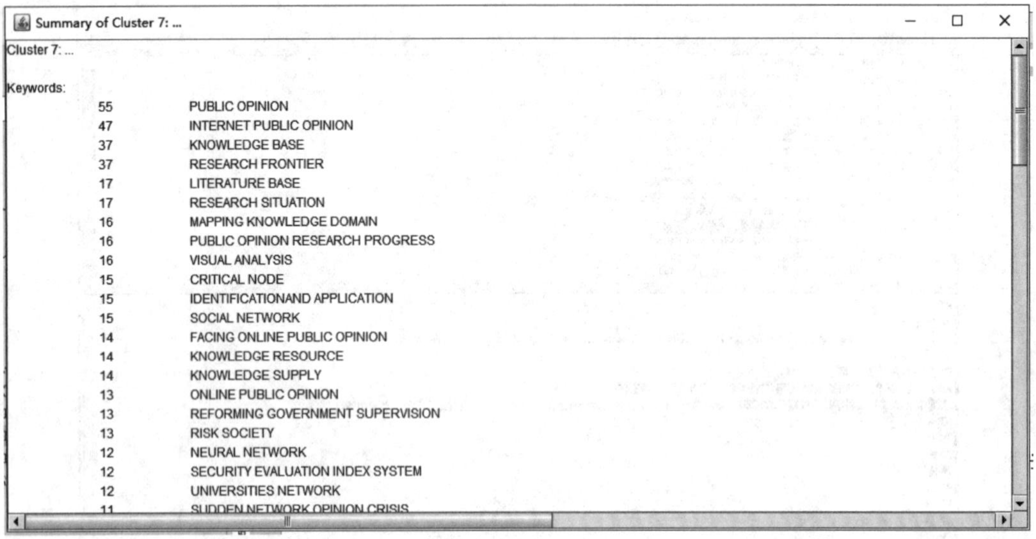

图 5-42 基于“Term”分析法的簇 7 研究主题的关键词分布

也可以看到相关的文献分布，如图 5-43 所示。

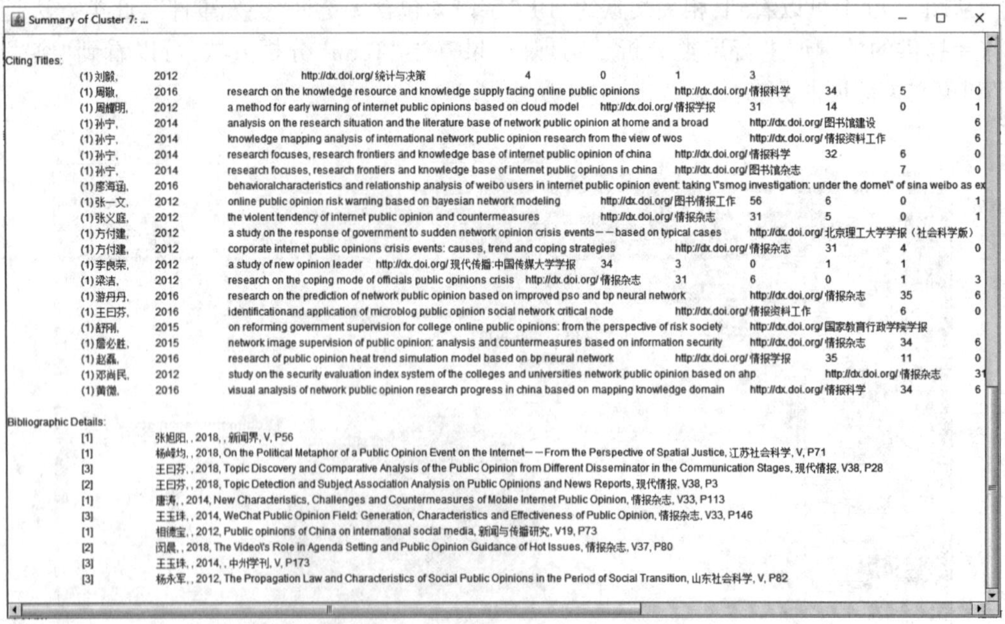

图 5-43 基于“Term”分析法的簇 7 研究主题的文献分布

从图 5-43 中可以进一步研究簇 7 的相关文献。如果要对指定的簇进行单个聚类的研究,则需要对生成图进行降维显示。例如,选定指定的簇,对“舆情生态”进行研究,如图 5-44 所示。

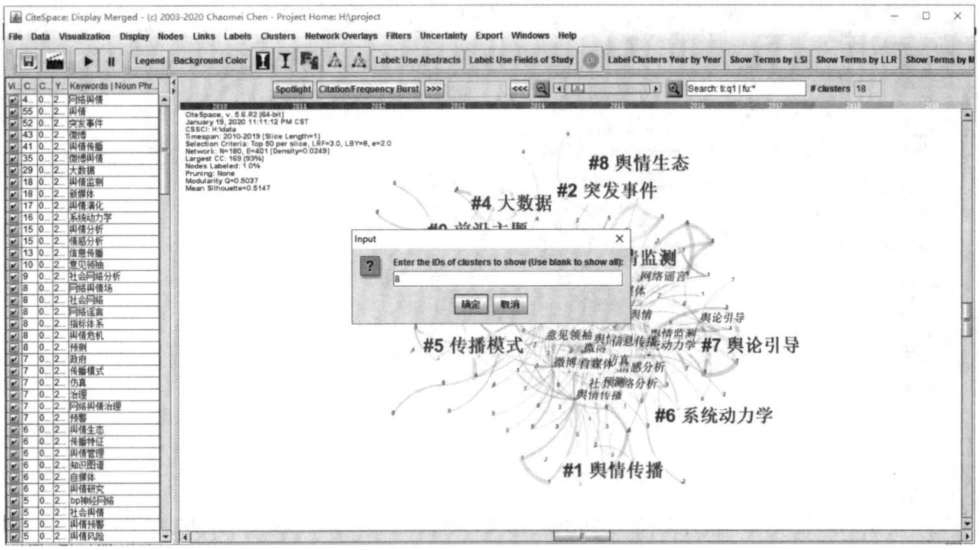

图 5-44 对指定的簇进行分析

例如,输入“8”,只显示“#8 舆情生态”的聚类,如图 5-45 所示。

图 5-45 对指定的簇进行显示

如果对不同的簇进行定量分析,则选择菜单“Clusters”的子菜单“Cluster Explorer”,如图5-46所示。

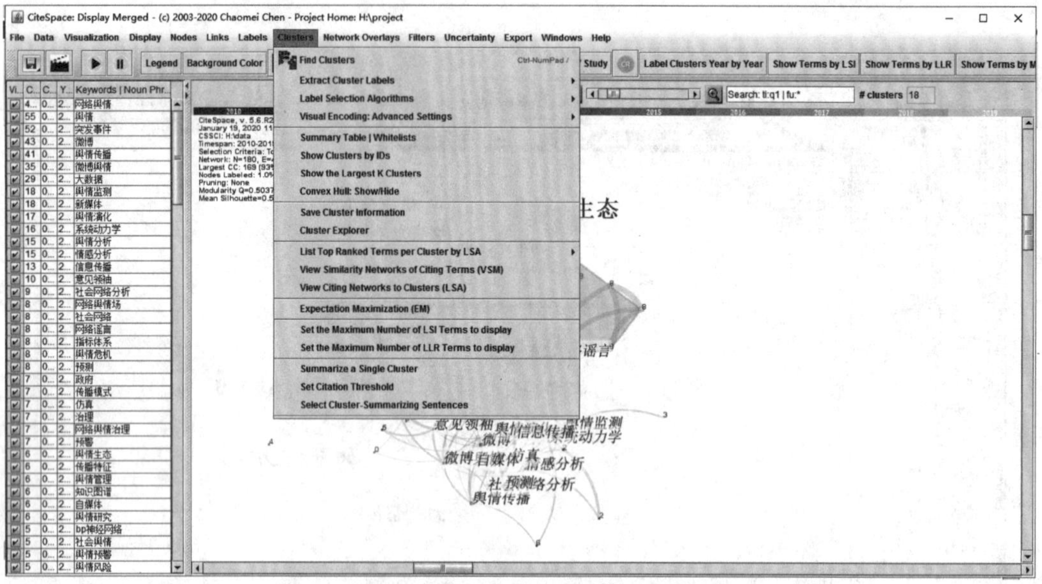

图 5-46　对簇进行定量分析

CiteSpace的程序会在后台进行计算,然后生成簇的数据,用于定量分析,如图5-47所示。

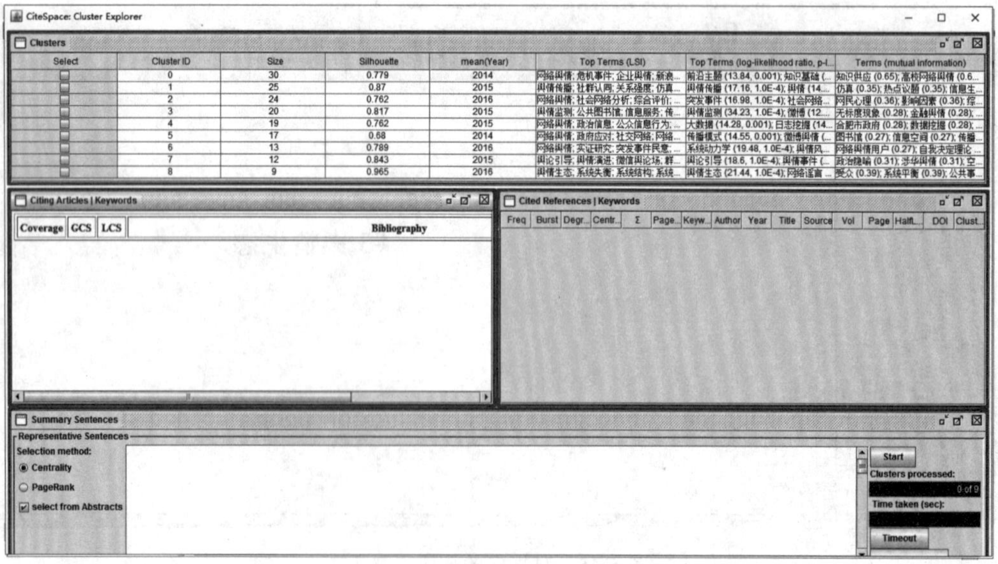

图 5-47　生成簇的数据进行定量分析

选定指定的簇进行计算，会得到相应的数据，本书选择“舆情”中序号为 8 的簇“舆情生态”进行分析，结果如图 5-48 所示。

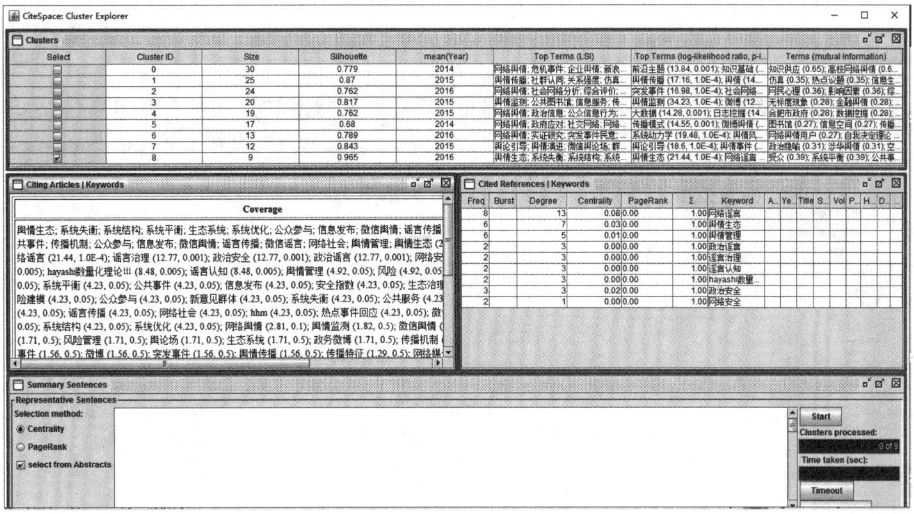

图 5-48 对选定簇进行定量分析

从“Cited References | Keywords”面板中可以看到选举的簇的“词频”“突现”“度”“中心度”“PageRank 算法的引用分”“关键词”等信息。同时，可以查看每一个簇每年相关关键词的热点，如图 5-49 所示。

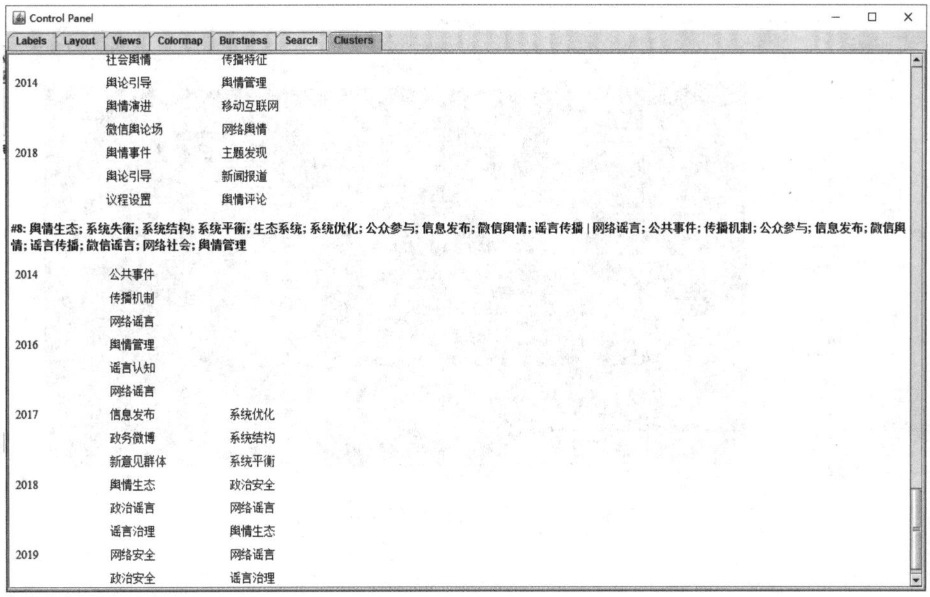

图 5-49 “舆情生态”簇每年的研究关键词热点

从图 5-49 中可以看到,2019 年“舆情生态”的研究热点是“网络安全”“网络谣言”“政治安全”“谣言治理”“网络舆情”“风险建模”相关领域。根据时间轴进行更详细的分析,则需要切换到“时间轴”视图,如图 5-50 所示。

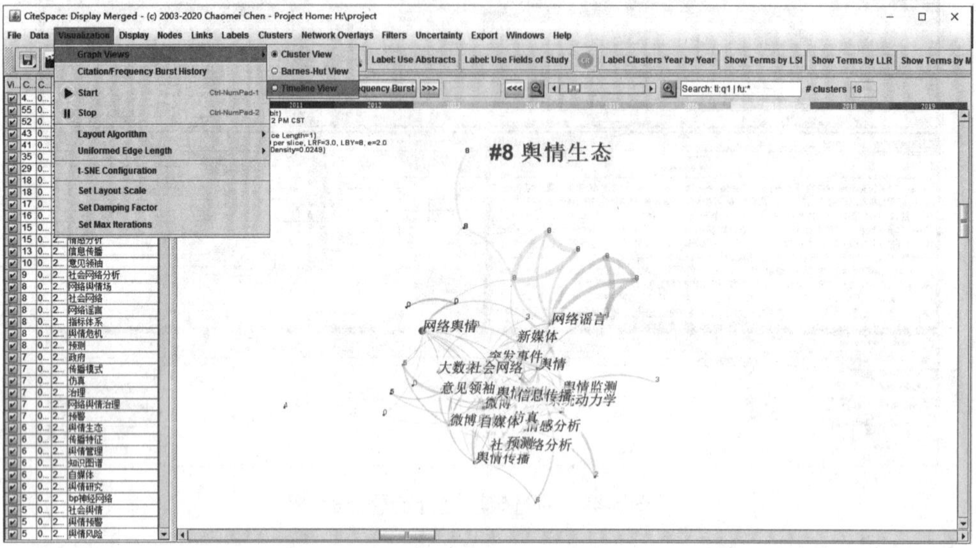

图 5-50 基于时间轴的视图设置

通过时间轴可以看到“舆情生态”领域的研究迁移,如图 5-51 所示。

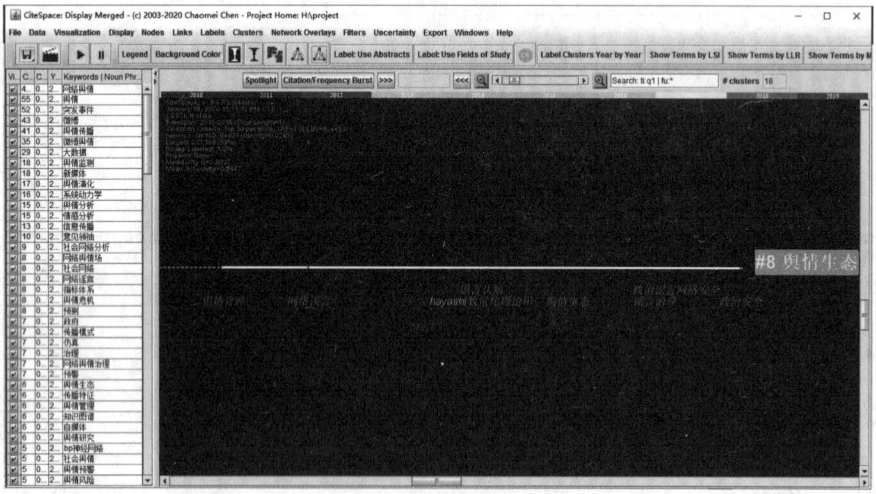

图 5-51 基于时间轴的单聚类分析

如果研究“舆情”领域全部的聚类分析,则显示所有的聚类,结果如图 5-52 所示。

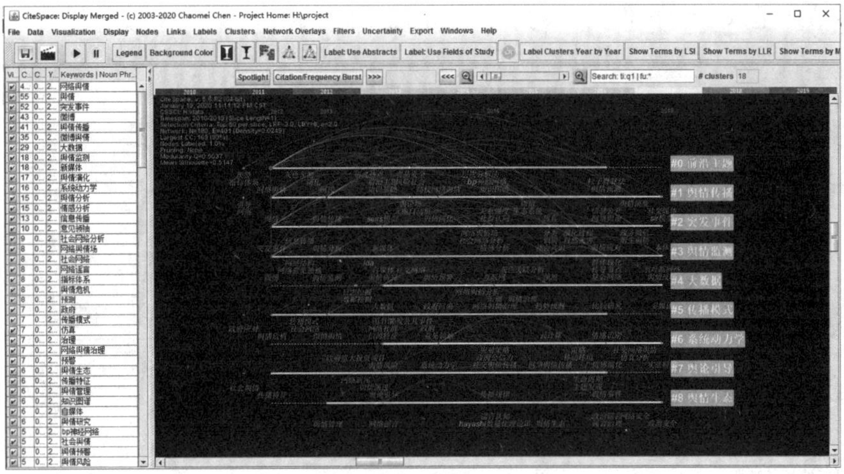

图 5-52　基于时间轴的全聚类分析

从图 5-52 中可以看到,过去 10 年每年不同主题的研究热点,并且可以从图中看到不同热点之间的关联关系。点击菜单"Visualization"的子菜单"Citiation/Frequency Burst History",可以看到过去 10 年"舆情"领域的突现研究热点,如图 5-53 所示。

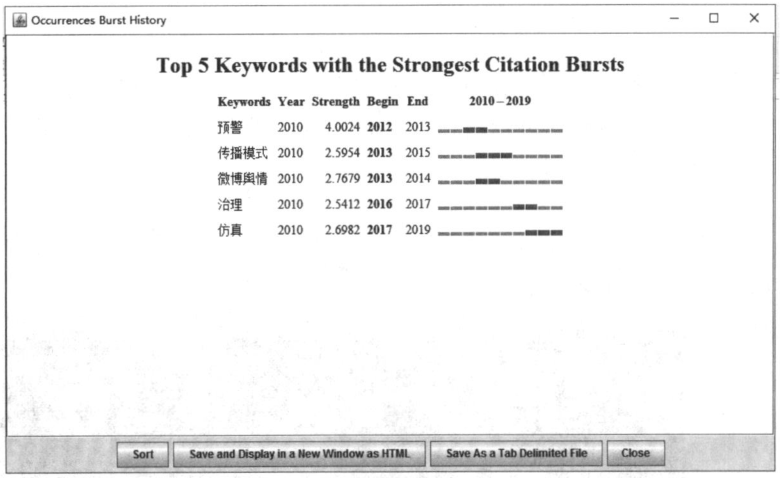

图 5-53　基于时间轴的全聚类设置

从图 5-53 中可以看到,"预警""传播模式""微博舆情""治理""仿真"属于突现技术,其中,红色(即深颜色)代表具体的突现技术成为热点的年份。"突现"研究的很重要的意义在于,发现过去未曾引起足够注意的研究热点。

5.3.4　文献共引的可视化分析

除了关键词的贡献分析外,另一种重要的可视化技术为共引分析,首先,需要设定数据的节点,本节还是以“舆情”作为研究对象,如图 5-54 所示。

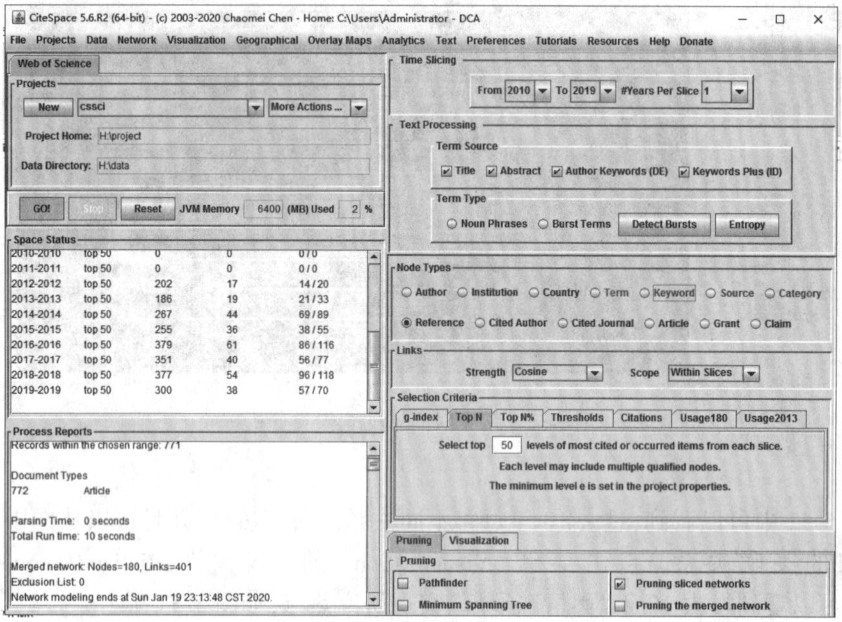

图 5-54 基于 CiteSpace 的共引分析设置图

然后,点击“Go!”按钮进行生成,由于引用的数据结构比合作网络分析和共现分析复杂,因此,往往需要对生成的数据进行裁剪。CiteSpace 计算完成后,生成的共引网络可视化如图 5-55 所示。

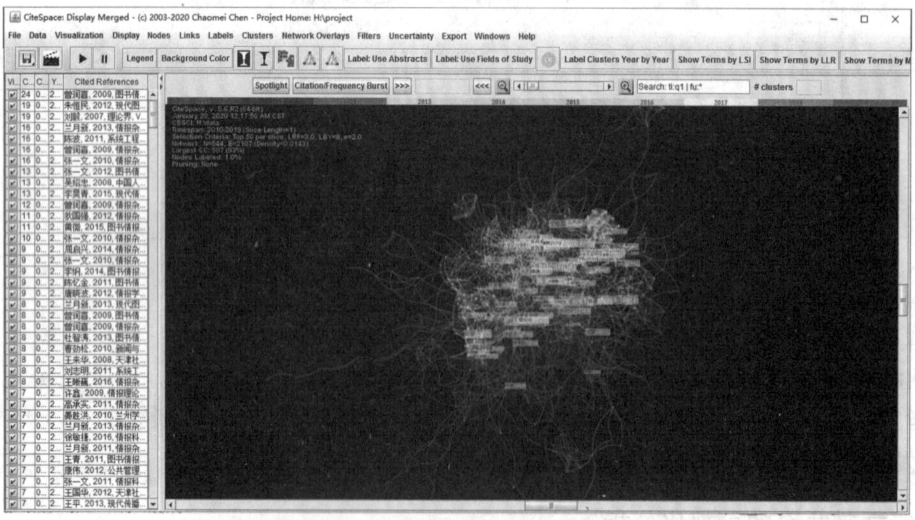

图 5-55 基于 CiteSpace 的共引分析结果图

在进行共引分析时，操作原理和共现分析类似，但是考虑到引用网络的复杂性，在进行共引分析时，结果的可视化更为灵活。首先，对共引结果图进行聚类，默认是“Term”方法，聚类结果如图 5-56 所示。

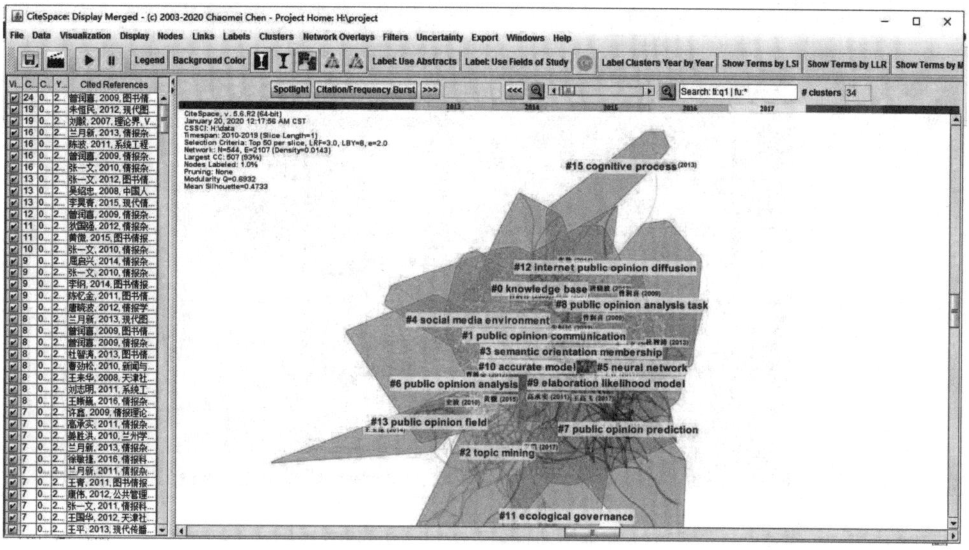

图 5-56　基于 CiteSpace 的共引分析“Term”法聚类图

从图 5-56 中可以看到，基于引用文献的研究热点比基于原文进行共现分析的研究热点更多，更能看到该研究领域在整个学科中的科研全景。如果基于被引文献的关键词，则生成的聚类如图 5-57 所示。

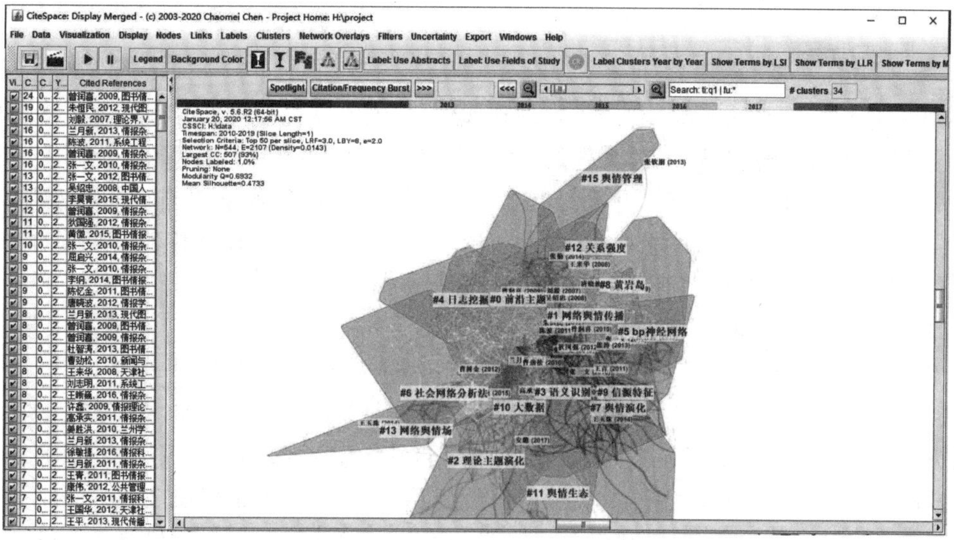

图 5-57　基于 CiteSpace 的共引分析“Keywords”法聚类图

从图 5-57 中可以看到，相关的聚类有 15 个，如果要对每个聚类的时间轴进行分析，则生成的结果如图 5-58 所示。

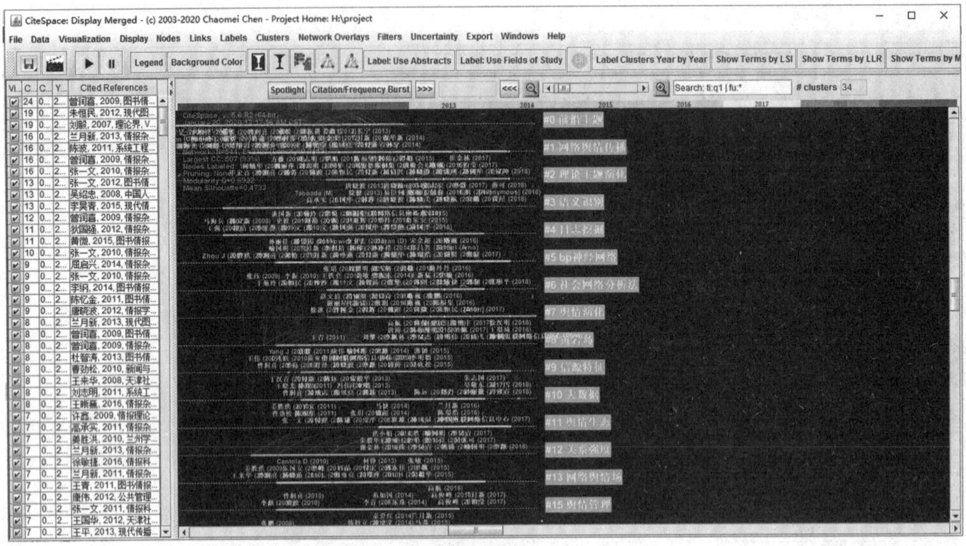

图 5-58　基于时间轴的全聚类的共引分析

通过共引分析，可以快速发现相关领域重要的文献分布，快速定位该领域的重要文献。关于共引分析的其他原理与关键词的共现分析类似，本书不再赘述。

5.4　基于 t-SNE 降维可视化分析的技术实践

5.4.1　研究背景

1998 年 5 月 4 日，为了响应“为了实现现代化，我国要有若干所具有世界先进水平的一流大学”的号召，国务院批转了教育部的《面向 21 世纪教育振兴行动计划》，标志着中国高校高水平建设的“985 工程”正式启动。2017 年 9 月 21 日，教育部、财政部、国家发展和改革委员会联合发布《关于公布世界一流大学和一流学科建设高校及建设学科名单的通知》，标志着“双一流”大学建设的正式启动，“双一流”大学分为 A 类和 B 类，在之前“985 大学”的基础上增加了新疆大学、云南大学和郑州大学，形成了 36 所 A 类“双一流”大学和东北大学、郑州大学、湖南大学、云南大学、西北农林科技大学和新疆大学，共 6 所 B 类“双一流”大学。

回溯 1998—2017 年我国高水平大学的建设成果，科研能力是高水平大学建设的重要评价指标。而国家自然科学基金委员会资助的国家自然科学基金是衡量一所大学科研能力的重要标尺之一，系统研究自然科学基金的资助情况和“双一流”大学建设之间的关系有着重要的理论意义和实践价值：在微观层面，对“双一流”大学来说，解析自然科学基金的资助情况有助于大学本身发现自身优势，并确定重点发展方向，服务优势学科和行业；在宏观层面，有助于国家相关行政管理部门对“双一流”大学的科研情况有更加清晰的全景把握,更好地进行科学决策,提高科研经费投入的产出效益。

有鉴于此研究意义,有国内外学者就国家自然科学基金可视化与“双一流”大学之间的关系进行研究,主要分为两类。

①研究国家自然科学基金可视化。该类别主要是研究受到国家自然科学基金资助发表的论文的可视化①、自然科学基金的评价指标体系②和资助后效果评价③,并且更多是基于美国的国家自然科学基金。如邓方基于关键词统计分析了过去 30 年自动化学科基金的分布④;陈挺基于 t-SNE 对美国自然科学基金(NSF)的正文数据进行分析和可视化⑤;Mejia 分析了美国自然科学基金赞助后论文的引用量,用来分析基金赞助的效果⑥。可以研究出版物的情况来预测科研基金资助情况⑦,他们主要研究处理这些基金数据的方法,如先对大量的基金数据进行建模,然后进行可视化分析,先基于关键词的组合来提取主题分析⑧,然后基于深度学习的方法来提取主题⑨,或可针对元数据进行网络可视化分析⑩。在处理关键词的时候,一般可以采用 R 编程语言或者 MATLAB,如通过 R 编程语言分析期刊关键词来判断文章之间的共现关系⑪,也可以通过 R 编程语言进行全文分析来研究科研产出⑫。这

---

① 万华. 基于项目论文引文关联的协同研究关系分析——以国家自然科学基金图书情报类研究项目为例[J]. 情报科学, 2013(6):53-59.

② 范云满, 马建霞, 刘静. 国家自然科学基金的评估指标体系与指标的分析研究[J]. 图书情报工作, 2013,57(16):100-106.

③ 刘多, 宋敏, 谢亚南, 等. 2009—2015 年国家自然科学基金资助产出 ESI 高被引论文分析[J]. 中国科学基金, 2017(4):353-358.冯磊, 朱宇华, 吕相征, 等. 国家自然科学基金资助产出 SCI 医药卫生论文的计量分析[J]. 科技与出版, 2017(3):112-118.

④ 邓方, 宋苏, 刘克, 等. 国家自然科学基金自动化领域数据分析与研究热点变化[J]. 自动化学报, 2018,44(2):377-384.

⑤ 陈挺, 李国鹏, 王小梅. 基于 t-SNE 降维的科学基金资助项目可视化方法研究[J]. 数据分析与知识发现, 2018,2(8):1-9.

⑥ Mejia C, Kajikawa Y. Using Acknowledgement Data to Characterize Funding Organizations by the Types of Research Sponsored: the Case of Robotics Research[J]. Scientometrics, 2018,114(3):883-904.

⑦ Kai Li, Erjia Yan. Are NIH-Funded Publications Fulfilling the Proposed Research? An Examination of Concept-Matchedness between NIH Research Grants and their Supported Publications[J]. Journal of Informetrics, 2019,13(1):226-237.

⑧ Chao Yang, Cui Huang, Jun Su. An Improved SAO Network-Based Method for Technology Trend Analysis: a Case Study of Graphene[J]. Journal of Informetrics, 2018,12(1):271-286.

⑨ Abrishami A, Aliakbary S. Predicting Citation Counts based on Deep Neural Network Learning Techniques[J]. Journal of Informetrics, 2019,13(2):485-499.

⑩ Feng Feng, Zhang Leiyong, Du Yuneng, et al. Visualization and Quantitative Study in Bibliographic Databases: a Case in the Field of University-Industry Cooperation[J]. Journal of Informetrics, 2015,9(1):118-134.

⑪ 袁润, 李莹, 王琦, 等. 用 R 语言分析关键词集共现网络研究[J]. 现代情报, 2018,38(7):88-94.

⑫ Kai Li, Erjia Yan, Yuanyuan Feng. How is R Cited in Research Outputs? Structure, Impacts and Citation Standard[J]. Journal of Informetrics, 2017,11(4):989-1002.

些利用 R 编程语言基于关键词的分析(如标题关键词)可以用来衡量科研基金及财政政策资助的有效性①。

②研究国家自然科学基金与“双一流”大学的关联关系。该类别主要研究“双一流”大学申报国家自然科学基金的情况,如张然研究了“双一流”背景下加强国家自然科学基金组织申报工作②,张品慧研究了科学基金对“双一流”建设学科的前期资助(2012—2016)③,马晓萌研究了“双一流”高校自然科学基金面上项目资助的特点④。

因此,目前相关研究的不足主要是对中国自然科学基金关键词的量化研究相对较少。同时,自然科学基金的关键词专业术语很多,立项数量很大,导致利用计算机建模时矩阵维度很大,矩阵术语稀疏,不利于可视化,不利于分析其中的规律。本书基于情报学的理论方法,从数据角度提出了新的研究思路,以期对本研究问题提供更好的信息和更高的参考价值。

5.4.2 研究方法

本书的研究对象为 36 所“双一流”A 类大学,由于国防科技大学属于军事涉密单位,不进行研究,因此,数据来源是“双一流”A 类大学中除国防科技大学外的 35 所,同时,本书的实验数据来自 1998 年 1 月 1 日至 2017 年 12 月 31 日共计 20 年的自然科学基金数据,基本涵盖了教育部“985”计划实施以来和“双一流”计划开始的所有数据。

本书的研究方法主要包含两个模块,即数据源管理模块和数据分析模块。数据源管理模块的主要作用是对公开获取的自然科学基金数据进行数据清洗、数据分类等预处理,并生成可供 MATLAB 分析的数据源。数据分析模块是对数据源管理模块提供的数据进行数据降维和可视化分析,以期能更清晰、更直观地寻找“双一流”大学和自然科学基金之间的关系。

本实验采用的技术手段为 Java 编程语言和 MATLAB,开发工具主要为 JDK 1.8 和 MATLAB R2018b,为便于其他研究者验证,生成的实验数据和实验代码可以从 Github⑤ 地址处免费获取。

从国家自然科学基金委员会的网站上获得的数据存在大量噪音,需要进行数据清洗及分类等预处理。对于结构化数据,如立项日期、立项编号等,进行直接归类存储,分析的时候利用数据字典将内容映射成对应的整型变量;对于结构化数据集合,将其转化为对应的整型变量后构造成向量数据;当多个向量数据作为一组数据时,将该组数据转化为对应的二维矩阵,如果数据不止一组,则转化为高维矩阵。

结构化数据的优势在于,国家自然科学基金委员会已经做了大量的数据规范工作,一般可以直接提供给程序分析使用,如趋势研究、数据筛选和演化网络分析等。但是,结构化数据的劣势在于,数据之间的关系往往是在数据首次存储时已经定好数据范式和关联关系,这

① 张永安, 马昱. 基于 R 语言的区域技术创新政策量化分析[J]. 情报杂志, 2017,36(3):113-118.

② 张然. “双一流”背景下加强国家自然科学基金组织申报工作探讨——以吉林大学电子科学与工程学院为例[J]. 办公室业务, 2019,306(1):186-187.

③ 张品慧, 张瑜婷, 赵星. 科学基金对“双一流”建设学科的前期资助研究(2012—2016)[J]. 图书与情报, 2018,182(4):10-16.

④ 马晓萌, 徐峰. 双一流高校自然科学基金面上项目资助特点探析[J]. 情报工程, 2018,4(6):63-75.

⑤ tsne[EB/OL]. https://github.com/greysh/paper-tsne.

类数据一般只能进行简单的数据统计研究，如科技成果统计，却很难进行有效的数据挖掘。

非结构化数据的优势刚好弥补结构化数据的劣势，非结构化数据往往具备语义属性，很难直接提供给程序进行分析使用。如果需要转化为程序可以处理的矩阵数据，必须先定义好映射规则。不同的研究人员站在不同的研究角度上会提出不同的映射规则，解决不同的研究问题。也正由于对非结构化的数据缺乏统一的研究范式，不同研究人员的不同研究范式直接影响研究问题的解决路线。

基于传统的自然语言处理技术是非结构化数据处理的常见方法，其主要原理是基于词袋模型（Bag of Words）。词袋模型的核心思想是将文本视作一系列单词构成的向量空间。利用词袋模型计算不同文本的相似度，一般是先用分词工具将文本分词，分词的时候先过滤掉停用词，然后利用分词工具的主题词库对文本进行向量化，这样，一个文本会基于主题词库生成一个文本向量。计算两个文本相似度的问题则转化为计算两个向量的夹角的余弦值，也就是余弦相似度。但是，词袋模型的难度在于分词问题和向量维度问题。

（1）分词问题的处理策略

基于通用分词工具的词库往往对特定领域的文本分词效果差，这是由不同语言环境中的上下文语境的适用性导致的。语言本身的复杂导致很难建立一个普遍适用的词库，如词语在语义上存在上位词、下位词的分类问题；词语在语法上存在歧义问题，同义词、反义词分类的问题。如果消除歧义考虑文本上、下文，就需要进行词语的推断处理，如基于二元词（2-gram）、三元词（3-gram）和词组句群的推断处理。更复杂的问题是存在词语跨语言的固定表达，这一点在科研文献中尤为突出，如“CRISPR/Cas9 基因编辑”往往是固定表达，但是“CRISPR”属于英语，基因编辑属于汉语。

尽管常见的词库都是采用基于贪婪模式的最大匹配算法，但是也存在不同科研文献中的正向最大匹配和逆向最大匹配的适用性问题。如果不基于通用词库，则需要自己建立主题词库，基于人工阅读建立主题词库的效果最好，但是人工成本很高。如果基于机器学习的方法建立主题词库，如采用 word2vec 模型①，那么训练的样本数量、训练模型、迭代次数的优化则是很复杂的研究问题。因此，很难有一个绝对适用的词库，需要基于不同的场景设计不同的策略。

（2）维数灾难问题处理策略

如果希望在利用词库对文本进行向量化时尽可能减少信息的损失，就应该尽可能减少词语的合并。但是，这样会带来维数灾难问题（Curse of Dimensionality）。这一点在汉语中表现得尤为严重。汉语本来就缺乏类似英文的空格分隔符，汉语的分词复杂性导致词库合并时很难有一个标准解，带来的文本矢量化之后的矩阵过于稀疏。稀疏矩阵的最大问题在于分析时的计算量为指数级上升，同时矩阵进行计算时相关数据要加载到内存中，内存中如果驻留大量的数据就会导致计算机运行变慢。并且，内存数据和硬盘数据不同，内存计算时的局部性原理、矩阵数据的不可分割问题导致内存数据很难像硬盘数据的分布式存储和分布式计算。

---

① Kai Hu, Huayi Wu, Kunlun Qi, et al. A Domain Keyword Analysis Approach Extending Term Frequency-Keyword Active Index with Google Word2Vec Model[J]. Scientometrics, 2018,114(3):1031-1068.

对于内存计算时的维数灾难问题,主流的方法就是数据降维。数据降维有多种方法,一般是利用词频逆文本频率算法(Term Frequency-Inverse Document Frequency,TDIDF)建立向量空间模型(Vector Space Model,VSM)①。即用词频逆文本频率算法对文本数据进行词频统计(TF),建立词库,然后统计逆文本频率指数(IDF),得到向量空间模型,最后利用向量空间模型的向量进行计算。如果要进行进一步向量降维,会使用两种策略:特征选择(Feature Selection,FS)和特征抽取(Feature Extraction,FE)。特征选择和特征抽取的本质都是对向量空间模型进行奇异值分解(Singular Value Decomposition,SVD),生成奇异值分解矩阵。如果是进行特征选择策略,就是通过奇异值分解后的左奇异变量代表整体特征,这类分析策略如潜在语义分析(Latent semantic analysis,LSA);如果是特征抽取策略,则是通过奇异值分解右奇异变量的计算,将向量空间的维度,如 m 维度向量空间转化(如旋转)到 n 维度向量空间,使 n 维向量空间是向量空间的向量样本方差最大的空间,减少矩阵稀疏程度,这类策略如主成分分析(Principal Components Analysis,PCA)。由于词袋模型没考虑词与词之间的顺序,一般还可以基于主题的隐含狄利克雷分布(Latent Dirichlet Allocation,LDA)对向量空间的向量进行处理,用于主题分类简化。

对于分词问题,本书选取的结构化数据的字段主要包含基金编号、“双一流”大学名称、基金立项时间和基金资助类别。本书选取的非结构化的字段主要是每个资助基金对应的基金关键词。为了简化问题,采用基金关键词作为实验数据,因为关键词列表本身有关键词词组间的分隔符,尽管自然科学基金系统在不断升级,但是关键词之间的分隔符在一定时间内是不变的,利于计算机处理。考虑到科研基金的行业特点,不采用通用分词工具,而是从自然科学基金立项项目的关键词列表进行数据清洗,生成面向自然科学基金领域的主题词库。

在建立主题词库时,需要考虑立项基金的关键词的停用词表和关键词列表分割词问题。同时,考虑上文提到的“CRISPR/Cas9 基因编辑”等类似的词语情况,采取的策略是,如果一个关键词词组是由中文开头构成的,则进行关键词词组分割;如果一个关键词词组是由英文开头构成的,如“Cas9 基因编辑”,则视作词库中的一个完整单词,不需要对关键词词组进行分割。

对于维数灾难问题,本书的研究词库来自现有立项自然科学基金的数据清洗,因此,可以做到对关键词列表的矢量化。但是由于不同科研工作者对项目关键词的理解不一样,并且关键词的数量很多,导致向量化的维度很高,需要向量维度降维。本书对关键词向量的降维主要采用一种新的方法,即 t-分布领域嵌入算法(t-distributed Stochastic Neighbor Embedding,t-SNE),该方法由图灵奖得主 Geoffrey Hinton 提出。该方法和主成分分析方法的区别在于,能更好地可视化。主成分分析主要用于压缩数据,不能解决线性不可分问题;t-SNE 主要用来解决线性不可分问题。通过 t-SNE 的降维可以有效地对数据进行分类,能够很清晰地看到数据全景。但是,它的局限性是只能用来做投影,将高维度向量进行映射,但不反映聚类关系,也不能用于预测。一般情况下,为了降低向量的维度,在运行 t-SNE 前先用主成分分析进行初步的数据降维。尽管 t-SNE 有这些局限性,但是并不影响本书的数据分析,本书需要用 t-SNE 对“双一流”大学的所有立项数据进行分析。

① Chen Guo, Xiao Lu. Selecting Publication Keywords for Domain Analysis in Bibliometrics: a Comparison of Three Methods[J]. Journal of Informetrics, 2016,10(1):212-223.

5.4.3 技术实践

数据采集完成后会存到数据库,并清空关键词,设置其为空数据。本书所有的数据和实验代码可以在 Github 下载。

"35 所大学国家自然科学基金立项表"(1998 年 1 月 1 日—2017 年 12 月 31 日)文件共有 132899 条记录,其中第一条为表头。代表了这 35 大学 1998 年 1 月 1 日至 2017 年 12 月 31 日的所有国家自然科学基金立项项目。以一条数据演示为例,其中字段见表 5-10。

表 5-10 35 所大学国家自然科学基金立项表数据演示

YEAR	grantNo	orgn	orgnid	Projectkeyword
1998	79870052	上海交通大学	100027	枚系统经济学.可持续发展.知识经济

表 5-10 中的 YEAR 为立项时间,grantNo 为国家自然科学基金委员会分配的基金编号,orgn 为基金依托单位,orgnid 为基金依托单位对应的编码, Projectkeyword 为基金关键词。为了方便 MATLAB 处理,基金标题和基金关键词为非结构化数据,需要将文本变为向量。以基金依托单位编码代表基金依托单位,删除 grantNo 字段,可以直接利用 MATLAB 进行处理,得到数据结果见表 5-11。

表 5-11 35 所大学国家自然科学基金立项简化表

YEAR	orgnid	Projectkeyword
1998	100027	枚系统经济学.可持续发展.知识经济

需要对表 5-11 中的数据字段进行数据清洗,建立自然科学基金的主题词库。先将表 5-11 的 Projectkeyword 保存为文本文件 3.txt,然后利用分隔符对 Projectkeyword 字段直接进行拆分,拆分主要分隔符的主要规则见表 5-12。

表 5-12 分隔符

字符	类别
：	全角冒号
，	全角逗号
、	全角顿号
；	全角分号
:	半角冒号
,	半角逗号
:	半角分号
.	半角句号

然后,删除停用词,见表 5-13。

表 5-13 停用词

字符	类别
“	全角左引号
”	全角右引号
"	半角引号
/	斜线
* *	双星号
（	全角左括号
）	全角右括号
(	半角左括号
)	半角右括号
《	左书名号
》	右书名号
？	全角问号
?	半角问号
。	全角句号
-	半角连字符

特别需要注意的是,一个基金中的全英文词组间的空格不视作分隔符,全中文词组间的空格视作分隔符。最后得到 Projectkeyword 生成的清洗词库文件,共有 230001 条词典记录,生成的清洗词库见表 5-14。

表 5-14 清洗词库

字符	出现次数
数值模拟	806
自噬	725
凋亡	637
信号通路	626
分子机制	601
转移	591
信号转导	579
石墨烯	570
稳定性	561
自组装	523

然后,用"清洗词库"对"35 所大学国家自然科学基金立项简化表"的数据文件进行文档向量化,向量化之后的文件和"35 所大学国家自然科学基金立项简化表"文件进行对比,合并得到"35 所大学国家自然科学基金立项简化清洗表",此处,132899 条记录中仅有一条记录异常,并对其进行了跟踪(序号为第 2 条),考虑到异常数据占全部数据的比例很低,因此,删除了第三条数据,确保数据的一致性,示例数据见表 5-15。

表 5-15　35 所大学国家自然科学基金立项简化清洗表

YEAR	orgnid	Projectkeyword	对应字典编码	备注
1998	100027	枚系统经济学.可持续发展.知识经济	[枚系统经济学],699,157367,	异常数据
1998	100027	非线性控制系统.观测器设计	14213,17550,	正常数据
1998	100027	场强预测.射线跟踪.移动通信网规划	212675,91451,161162,	正常数据
1998	100027	心室纤颤.螺旋波.混沌控制	62250,5824,3115,	正常数据
1998	100027	大数量物体.波浪荷载.递推算法	215440,10710,133913,	正常数据

接下来,需要对表 5-15 中的数据进行可视化绘制和试验,每次筛选的实验数据为二维数据结构,实验的标签变量为时间(YEAR)或依托单位编码(orgnid),实验的数据变量为关键词对应字典编码。

国家自然科学基金的系统存储的数据也在不断完善和规范化,为了判断关键词,选取关键词列数。由于 2017 年是实验数据中最新的年份,以 2017 年作为关键词维度选取关键词数量。

基于 2017 年的不同"双一流"大学的基金项目关键词,根据表 5-15 的数据筛选得到"2017 年 35 所大学国家自然科学基金立项简化清洗表"文件,见表 5-16(只显示其中 7 个关键词),共 13170 项(包含表头)。

表 5-16　2017 年 35 所大学国家自然科学基金立项简化清洗表

orgnid	keyword1 列	keyword2 列	keyword3 列	keyword4 列	keyword5 列	keyword6 列	keyword7 列
100027	198245	796	469	60275	88565	94420	
100027	811	10806	34689	157	3999		
100027	285	15	251	1117	106178		
100027	16118	9	5312				
100027	2308	2994	51153	1463	11400		

本书对“2017 年 35 所大学国家自然科学基金立项简化清洗表”的数据进行数据筛选,发现了以下结果,见表 5-17。

表 5-17 2017 年“双一流”大学 13169 项自然科学基金关键词维度统计结果

关键词列	空白关键词数	非空关键词占比(不算表头)
Keyword1 列	14	99. 89%
Keyword2 列	67	99. 49%
Keyword3 列	198	98. 50%
Keyword4 列	1035	92. 14%
Keyword5 列	3401	74. 17%
Keyword6 列	12277	6. 77%

从表 5-17 中可以看到,2017 年 98. 50%的自然科学基金的关键词包含 3 项。采用同样办法筛选 1998 年的数据,和 2017 年的数据进行对比,其结果见表 5-18。

表 5-18 1998 年“双一流”大学 1772 项自然科学基金关键词维度统计结果

关键词列	空白关键词数	非空关键词占比(不算表头)
Keyword1 列	1	99. 94%
Keyword2 列	32	98. 19%
Keyword3 列	219	87. 64%
Keyword4 列	1762	0. 56%
Keyword5 列	1170	0. 11%
Keyword6 列	1772	0. 00%

从表 5-17 和表 5-18 的对比可以看出,过去 20 年,自然科学基金立项的关键词数量从 3 个升至 4 个。如果从 1998 年的自然科学基金数据中选取 4 个关键词建立矩阵,则矩阵过于稀疏。但是从 2017 年的自然科学基金数据中选取 4 个关键词,则不满足条件的不到 10%。相关学者如果研究当年的数据,尤其是最近几年的数据,可以选取 4 个关键词。

为了考虑数据的兼容性,本书在实验中通过将 1998 年和 2017 年的数据进行对比,对每个立项基金采用 3 个关键词标签。

另一方面,词库文件共有 230001 条数据,如果直接将 1998 年和 2017 年的数据进行转化,每一条记录代表在一个 230001 维度的向量投影,如果该记录包含词典顺序为 N 的关键词,则该向量在 N 维度的内容为 1,反之则为 0。但是即便这样,对于 2017 年的关键词数据是一个[13169 * 230001]的矩阵，如果包含标签和表头，则是一个[13170 * 230002]的矩阵，并且该矩阵相当稀疏。

为了简化实验，在原理不变的前提下对词库文件进行优化，减少关键词数量，来降低维度。统计词库，发现共有 230001 个关键词，共出现 582148 次，即平均每个词出现 2.53 次，得出以下统计结果，见表 5-19。

表 5-19 "双一流"大学自然科学基金关键词维度统计结果

关键词序列	关键词条数占总词库条数比例	出现次数	出现次数占总出现次数比例
前 500	0.22%	81362	13.98%
前 1000	0.43%	111650	19.18%
前 2000	0.87%	148103	25.44%
前 5000	2.17%	206608	35.49%
前 10000	4.35%	257125	44.17%
前 20000	8.70%	311780	53.56%
前 200000	86.96%	552147	94.85%

从表 5-19 中可以发现，前 20000 的关键词出现次数占自然科学基金关键词总数一半以上，但是前 20000 的关键词条数占总词库条数的比例不到 10%，因此，选取词频高的关键词进行降维有利于降低矩阵的维度。

基于前 20000 的关键词，对"35 所大学国家自然科学基金立项简化清洗表"的数据进行降维，如果每个科研基金包含前 20000 的关键词，则保留记录，对于完全不包含前 20000 的关键词的科研基金，本书暂不研究。经程序处理后得到文件"包含前 20000 关键词的 35 所大学国家自然科学基金立项简化清洗表"，简称"包含前 20000 关键词的数据文件"。该文件共包含 7162 项科研基金。由于该文件中只保留前 20000 关键词的向量列表，因此会因为没有处理前 20000 关键词外的关键词而导致重复序列，删除重复序列后得到 6958 项（不含表头）科研基金。这 6958 项科研基金来自前 20000 的关键词，得到的文件为"1998—2017 年所有基于前 20000 关键词的实验数据"，见表 5-20。

表 5-20 1998—2017 年所有基于前 20000 关键词的实验数据

YEAR	orgnid	keyword1 列	keyword2 列	keyword3 列
1998	100027	3		
1998	100404	10	177	5689
1998	100112	1	5054	
1998	200654	1		
1998	201016	11		

本书主要对6958项数据进行分布研究。

为了方便描述，本书将YEAR和orgnid称为label，并且标记label，具体分为label(YEAR)和label(orgnid)。同时，将keyword列表标记为变量因子factor，其中factor(1)表示keyword1；factor(1,2)表示keyword1和keyword2；factor(1,2,3)代表keyword1、keyword2和keyword3。

对这6958项实验数据主要分两类进行分析：第一种分析维度是基于时间分析过去20年基金的总成果，建立label(YEAR)和factor(1,2,3)的关系并可视化；另一种分析维度是基于单位角度分析过去20年不同机构的总成果，建立label(orgnid)和factor(1,2,3)的关系并可视化。无论是基于时间角度分析，还是基于单位角度分析，其目的都是为了对高维数据进行降维，在二维空间进行更清晰、直观的可视化，并寻找其中隐藏的规律。

对label的分析又分为两种分析策略：①对角矩阵，如果只包含keyword1，则构成label(YEAR)和factor(1)的对角矩阵或者label(orgnid)和factor(1)的对角矩阵，对于对角矩阵的分析可以直接进行Excel的统计分析，这类分析最为简单，但是最直观；②非对角矩阵，如果分析label和factor(1,2)的关系，或者label和factor(1,2,3)的关系，则需要将keyword映射到dict-20000.txt的高维空间，然后进行降维。以上两种分析策略生成不同的分析目标文件，见表5-21。

表5-21　不同分析策略的分析文件

序列	数据文件	数据条数（含表头）	分析策略	矩阵文件
1	一维关键词时间文件	311	label(YEAR)~factor(1)	
2	二维关键词时间文件	5619	label(YEAR)~factor(1,2)	向量化后的二维关键词时间文件
3	三维关键词时间文件	5401	label(YEAR)~factor(1,2,3)	向量化后的三维关键词时间文件
4	一维关键词机构文件	471	label(orgnid)~factor(1)	
5	二维关键词机构文件	5651	label(orgnid)~factor(1,2)	向量化后的二维关键词机构文件
6	三维关键词机构文件	5372	label(orgnid)~factor(1,2,3)	向量化后的三维关键词机构文件

其中序列 3 为序列 2 的真子集,序列 2 为序列 1 的真子集,同时,序列 6 为序列 5 的真子集,序列 5 为序列 4 的真子集,但是,由于删除了重复项,因此,序列 1 和序列 4 的数据条数最少。

如表 5-21 所示,对于"二维关键词时间文件""三维关键词时间文件""二维关键词机构文件" "三维关键词机构文件"这些数据文件,根据"前 20000 关键词库"进行投影,并且生成维度为 20000 的向量,得到矩阵文件,去掉重复项之后,分别为表 5-21 中所示的"向量化后的二维关键词时间文件""向量化后的三维关键词时间文件""向量化后的二维关键词机构文件""向量化后的三维关键词机构文件"。本书暂不分析对角矩阵的情况,对角矩阵指"一维关键词时间文件"和"一维关键词机构文件"的数据。

用 t-SNE 算法对二维关键词时间文件"进行二维分析,如图 5-59 所示。

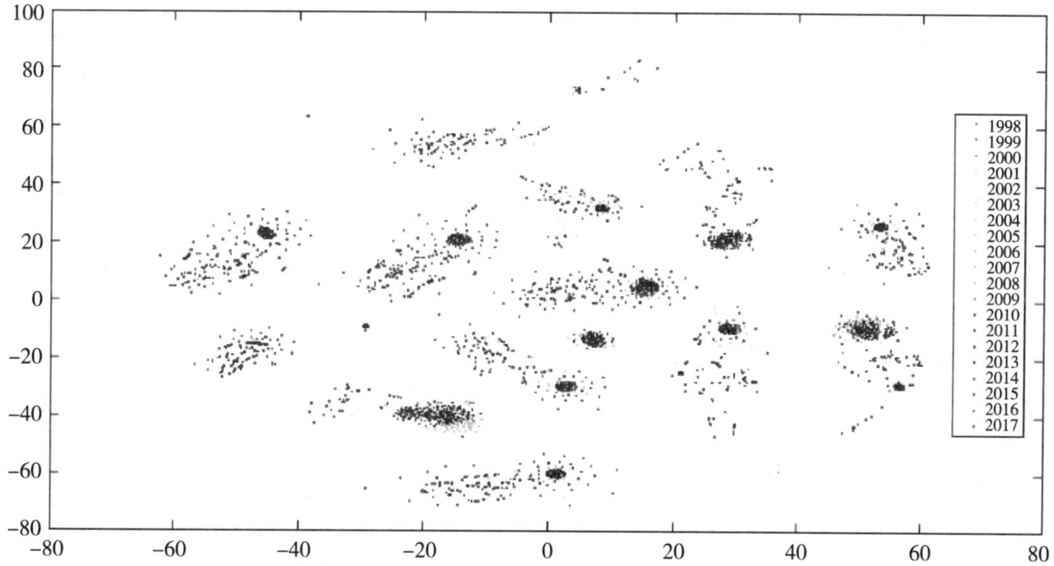

图 5-59　二维关键词时间文件分析结果

图 5-59 中反映了过去 20 年的自然科学基金立项数据投影到二维关键词的分布,每个点代表一个基金,不同年份采用不同颜色,即 label(YEAR) ~ factor(1,2)分布关系。

需要注意的是,本书采用的 t-SNE 算法并不能用于聚类的研究,也不能用于推演预测的研究,不同点之间的距离并不反应聚类关系。图 5-59 的意义在于,一方面,能把图 5-59 中 5618 项基金(不含表头)投影到平面,能有效可视化;另一方面,要注意颜色重叠部分,进行分析,发现其中是否有共通的规律。

研究 label(YEAR) ~ factor(1,2,3),生成图 5-60。

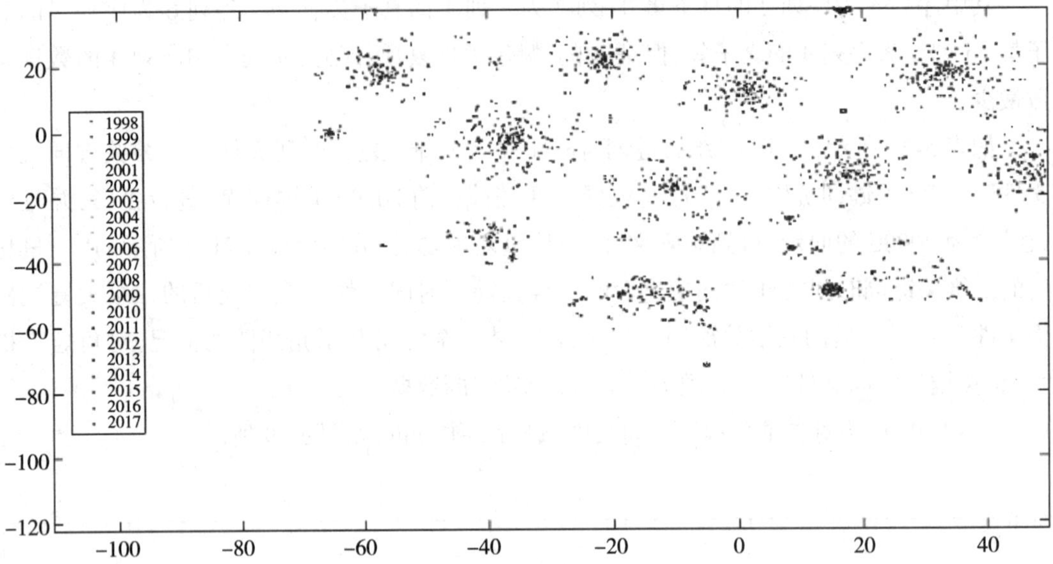

图 5-60　三维关键词时间文件分析结果

图 5-60 中反映了过去 20 年的自然科学基金立项数据投影到三维关键词的分布，每个点代表一个基金，不同年份采用不同颜色，即 label(YEAR) ~ factor(1,2,3) 分布关系。

类似的，研究 label(orgnid) ~ factor(1,2) 和 label(orgnid) ~ factor(1,2,3)，生成图 5-61 和图 5-62，图 5-61 表示对 5650 项二维关键词进行投影，图 5-62 表示对 5371 项三维关键词进行投影。

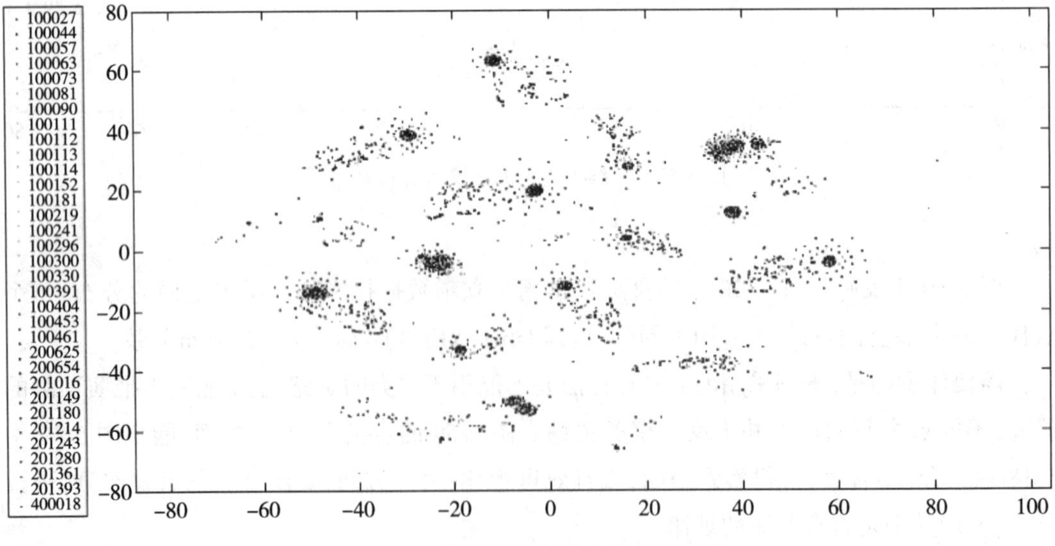

图 5-61　二维关键词机构文件分析结果

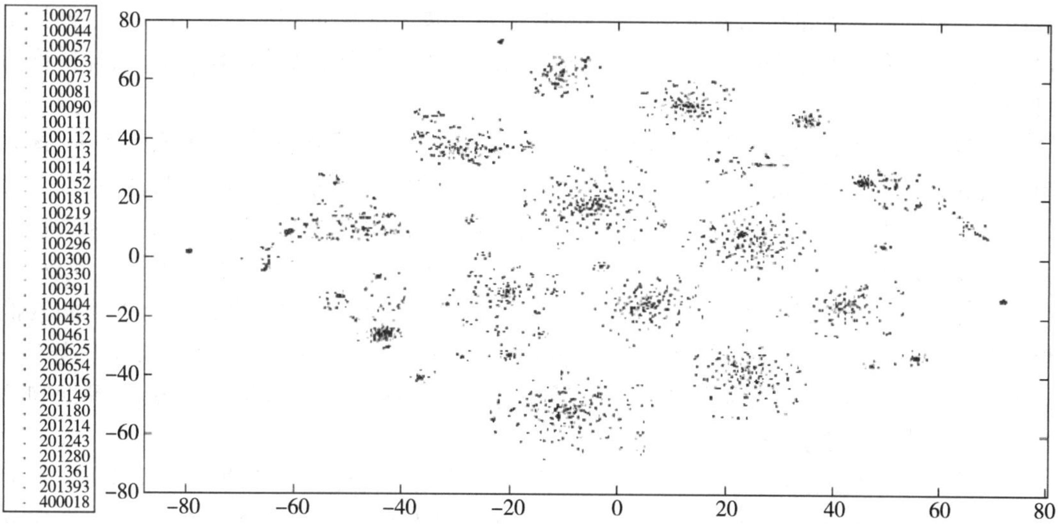

图 5-62 三维关键词机构文件分析结果

图 5-61 和图 5-62 代表不同科研机构过去 20 年的立项关键词的分布,图 5-61 为二维关键词,图 5-62 为三维关键词。图中每个点代表一项基金,不同的颜色代表不同单位,左边的编码为基金依托单位编码。

自此,本书基于 t-SNE 算法完成了对过去 20 年科研基金立项分布的可视化建模。

5.5 基于长尾理论的关键词分布可视化研究

5.5.1 研究背景

意大利经济学家菲尔弗雷多·帕累托在 1897 年归纳出一个统计结论,即 20%的人口享有 80%的财富,即"二八定律"。"二八定律"带来了马太效应,于是在学术界,相关学者更多关注头部学者在高影响因子期刊的研究成果。

另一方面,《连线》杂志的主编克里斯·安德森在 2004 年提出了长尾理论①。长尾理论的原理是:"只要存储和流通的渠道足够大,需求不旺或销量不佳的产品所共同占据的市场份额可以和那些少数热销产品所占据的市场份额相匹敌,甚至更大。"

长尾理论在互联网搜索引擎行业和互联网广告营销行业有巨大的应用前景②,常被用于搜索引擎优化(Search Engine Optimization,SEO),例如,百度搜索引擎排在第一页的往往是百度竞价广告排名中出价高的公司。而如果通过长尾理论优化网页元数据中的关键词标签,即 Meta 标签,就可以占领百度搜索结果页中的第二页结果以及后面结果页的排名。尽

① Anderson C. The Long Tail[EB/OL].http://www.wired.com/wired/archive/12.10/tail.html.

② Skiera B, Eckert J, Hinz O. An Analysis of the Importance of the Long Tail in Search Engine Marketing [J]. Electronic Commerce Research and Applications, 2010,9(6): 488-494.

管百度搜索的主要流量在结果页的第一页,但是第二页至末尾页均有自然流量。这种长尾理论的优化在互联网早期很流行,现在通常被视作一种搜索引擎优化的作弊方式,即俗称的“黑帽 SEO”。

在数字图书馆领域,目前主要使用场景为“二八定律”,长尾理论的使用场景较少,这和图书馆的职责定位密切相关。图书馆作为全校的教辅机构,服务全校师生和大学建设。大学排名是大学建设中的一个风向标,而对于大学排名,科研成果主要通过论文指标进行计算。如软科世界大学学术排名中,SCI 论文(含 SSCI 论文)数和高水平论文占 40%的权重。这直接导致图书馆会重点采购 Web of Science 数据库,经费不足的图书馆不会去采购其他数据库。即使这样,对于 SCI 数据库也会进行影响因子(IF)打分,相关学者如果要发高水平论文,就要更多的是国外的研究热点,尤其是《科学》(*Science*)和《自然》(*Nature*)等期刊的外国研究热点。这也会进一步加大马太效应。

同时,马太效应还会带来另一个负面作用,对于学术期刊,杂志社的目的是提高自身期刊的引用因子,而对于过于创新的研究方向,论文可以引用的参考文献却不足,但参考文献的数量和网络是计算学术期刊的重要指标。因此,选择国外成熟但国内还未成熟的研究主题,是相关学术期刊最保守、最严谨的主题选择。过于创新但是存在研究风险的论文则更多只能通过预印模式发布。这种循环会进一步增强马太效应。

对于国内,数字图书馆领域和互联网领域相对比,其中有很多类似的产业结构。图书馆的数字资源和互联网均是网页,用户入口均是搜索(如百度搜索和 Google 搜索)。近 10 年来,互联网的搜索引擎用户体验有巨大的提升,但是数字图书馆的搜索引擎(即学术搜索,如南京大学 CSSCI 检索)的用户体验不如互联网公司。

一方面,互联网公司的搜索引擎并不限制网页数据来源,网站可以通过网站地图(Sitemap)机制自动提交给互联网搜索引擎的爬虫。但是对于图书馆检索的数据资源,均需要经过严格的审查和发布,均需要有相关的刊号(ISSN),而不同出版社因为竞争,对于非开放期刊,并不会给学术搜索公司完整摘要元数据的授权,这直接导致学术搜索的可检索数据资源不够。

另一方面,对于有限的数据量,互联网搜索引擎会在后台监测用户行为,并在前台提供交互式的关键词推荐。通过这些关键词推荐系统,用户对结果进行标记,互联网搜索引擎会对用户进行画像,来进一步优化学术搜索的质量。基于读者活动的个性化图书馆推荐系统已有相关研究①,但并不多。

笔者目前测试相关的国内学术搜索,如 CSSCI 检索,均不提供可交互的标记,而是根据论文关键词相关性来给用户返回数据结果或基于参考文献的引用网络②。但是小众的新兴科研领域因为关键词太少,很难出现在搜索结果列表中的前列,导致学者忽略相关文献,只看知名学者的文章,进一步增强马太效应。

而对于国内非数字资源的馆藏,马太效应表现得更明显,陈锦红指出:“由于图书馆二

① 谭龙江. 基于读者活动的个性化图书馆推荐系统[J]. 系统工程, 2015,33(80):154-158.

② 刘盛博, 丁堃, 刘则渊. 基于引用内容的引文检索与推荐系统[J]. 情报学报, 2013,32(110):1157-1163.

八定律的关系,图书馆在馆藏建设方面实行三线典藏制。用户觉得馆藏资源不能满足个性化需要,但图书馆因文献使用率不高而苦恼。"①

目前,国内学者利用长尾理论来优化图书馆的服务,且已有不少研究。周军兰研究了图书馆数据资源没形成的原因②。Van Borm 结合版权保护,研究了出版领域的长尾理论,为出版社出版图书和图书馆收藏书提供了参考。③

国内有不少学者利用长尾理论研究科研数据,如廖鹏飞基于长尾关键词分析 CNKI 数据库来构建领域新兴前沿探寻模型;④欧阳进良基于长尾理论对国家科技计划管理体系提出优化措施的建议;⑤杨平研究了科研中长尾关键词的共享和保存机制;⑥赵艳枝研究了科研中的长尾数据;⑦杨滟研究了基于生命周期管理的长尾数据。⑧

王玉晶指出,需要研究每个读者,研究读者的长尾需求,提高图书馆的服务质量。⑨ 唐铭杰建议公共图书馆基于长尾理论提供数字参考咨询服务(Digital Reference Service, DRS)。⑩ 赵蓉英基于长尾理论研究了国外图书馆的众包服务模式。⑪ 由于存在 80%的数据资源长尾,通过众包服务模式加工图书馆馆藏的数据资源。周欢研究了长尾理论视角下的图书馆全民阅读推广策略。⑫

在长尾关键词提取中,要判断长尾关键词的标准,需要对关键词进行聚类分析。聚类中最常见的是 K-Means 算法,即根据欧式距离计算质心,然后按 K 维聚类。刘晨晨基于有向图的聚类算法(Directed Graph Clustering Algorithm, DCA)研究了长尾关键词视角的图书推荐,并和 K-Means 算法进行了对比。⑬

笔者在相关学者研究的基础上,基于长尾理论对关键词进行了研究。

---

① 陈锦红. 基于长尾理论的图书馆服务的深化[J]. 情报资料工作, 2010(5): 86-88.

② 周军兰. 长尾理论与图书馆[J]. 图书情报工作, 2007(4): 30-33.

③ Van Borm J. The Long Tail, Copyright and Libraries[J]. Liber Quarterly, 2009,19(2): 122-130.

④ 廖鹏飞, 李明鑫, 万锋. 基于长尾关键词的领域新兴前沿探寻模型构建研究[J]. 情报杂志, 2020(3): 1-5.

⑤ 欧阳进良, 汤娇雯, 庞宇, 等. 长尾效应对我国科技管理影响及其思考[J]. 科学决策, 2009(1): 56-61.

⑥ 杨平, 田野. 长尾数据共享研究进展[J]. 图书情报工作, 2014,58(8): 133-138.

⑦ 赵艳枝. 科学研究中的长尾数据及其监护[J]. 情报资料工作, 2015(30): 22-25.

⑧ 杨滟, 孙建军. 基于生命周期管理的科学长尾数据管护研究[J]. 情报理论与实践, 2016,39(40): 45-50.

⑨ 王玉晶. 图书馆人性化服务模式与提升长尾效应研究[J]. 情报科学, 2010,28(70): 1025-1028, 1059.

⑩ 唐铭杰. 长尾理论对公共图书馆开展 DRS 的启示[J]. 情报资料工作, 2011(2): 89-91, 96.

⑪ 赵蓉英, 汪馨雨. 基于长尾理论的图书馆众包服务模式初探[J]. 图书馆杂志, 2017,36(30): 20-26, 57.

⑫ 周欢, 任剑乔. 长尾理论视角下的图书馆全民阅读推广策略研究[J]. 出版发行研究, 2019(40): 85-89.

⑬ 刘晨晨, 徐一新. 长尾理论视角下基于 DCA 的网络自助出版推荐系统[J]. 计算机系统应用, 2011,20(7): 26-30.

5.5.2　研究方法

首先,建立"CSSCI原始数据集"。本书以"舆情"关键词为例,在南京大学CSSCI数据库进行检索,检索篇名包含"舆情"关键词,检索时间为2010—2019年,检索二级学科为情报学,得到96篇文章。将这96篇文章以南京大学CSSCI检索的默认引文格式导出,保存的文件名为"DataSet(CSSCI).txt"。"DataSet(CSSCI).txt"是本书的原始数据集,称为"CSSCI原始数据集"。

为了对"CSSCI原始数据集"进行统计和分析,需要对一篇文章的唯一标识(即主键)进行定义。由于本书选取的情报学领域,基于篇名和第一作者便可以区分不同文章,因此,篇名和第一作者名称联合构成主键。为了描述方便,对相关简称进行定义,见表5-22。

表5-22　名词缩写定义表

缩写	名词	备注
TI	篇名	文章标题
KW	关键词	文章关键词名称
AU	第一作者名	第一作者名称
KID	关键词主键	关键词库定义的关键词唯一序列号,从序号1开始标识
AID	文章主键	用于区分不同文章,第一篇文章的AID为0,最后一篇文章的AID为95
AIDS	文章集合	由一系列不同文章构成的数据结合,用符号"|"分割不同文章主键
TF	关键词词频	关键词在96篇文章中的词频统计
DC	文章下载次数	根据文章主键统计该文章在知网的下载次数
RC	文章被引次数	根据文章主键统计该文章在知网的被引用次数

然后,对"CSSCI原始数据集"进行处理,建立知网数据集(以下称"CNKI数据集"),整个技术流程图,如图5-63所示。

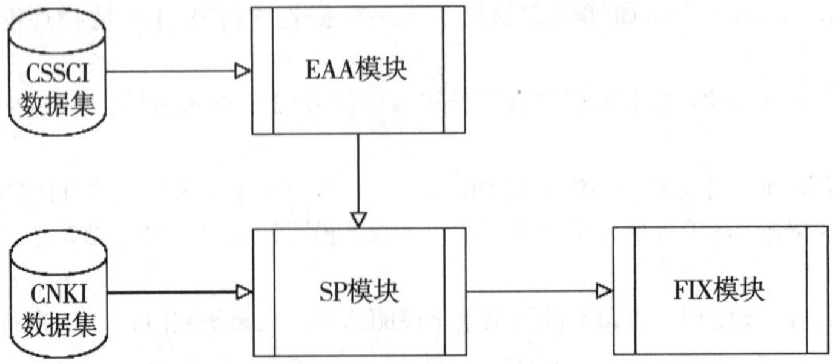

图5-63　数据获取与清洗原理图

根据上图,对数据集进行处理的主要技术流程分为以下步骤。

①EAA 模块。该模块对“CSSCI 原始数据集”进行抽取,提取第一作者和关键词,得到 96 篇文章的主键列表,保存文件名为“cnki.txt”。输出的样例数据以 5 条数据为例,见表 5-23。

表 5-23 EAA 模块输出表

AID	AU	TI
0	徐蓓蓓	基于本体的突发事件舆情知识库建设研究
1	田俊静	基于决策树方法的网络舆情反转识别与实证研究
2	马溯川	新媒体时期涉军网络舆情态势趋向及治理路径——以“老虎团涉嫌猥亵幼童”事件为例
…	……	……
95	范立国	公共信息网络舆情智能分析系统的分析与设计

②SP 模块。该模块的输入是 EAA 模块输出的“cnki.txt”,采用 Selenium 浏览器自动化搜索技术逐行读取“cnki.txt”并解析。在知网上采用第一作者和篇名进行联合搜索,结果存储为“cnki-rc-dc.txt”,输出的样例数据,见表 5-24。

表 5-24 SP 模块输出表

AID	AU	TI	RC	DC
0	徐蓓蓓	基于本体的突发事件舆情知识库建设研究	2	429
1	田俊静	基于决策树方法的网络舆情反转识别与实证研究		643
2	马溯川	新媒体时期涉军网络舆情态势趋向及治理路径——以“老虎团涉嫌猥亵幼童”事件为例		472
…	……	……	…	…
95	范立国	公共信息网络舆情智能分析系统的分析与设计	10	515

③FIX 模块。该模块是对 SP 模块输出的数据进行数据修复。SP 模块在对 96 篇文章进行自动化搜索时,发现 3 篇《情报学报》的文章没有被知网检索,但是却可以在 CSSCI 数据库中查到,这 3 篇文章,见表 5-25。

表 5-25 FIX 模块异常文献表

AID	AU	TI
77	钱颖	微博舆情传播规律研究
81	王根生	迁移元胞自动机网络舆情演化模型(M2CA)
88	王兰成	舆情搜索引擎中网页信息的采集与抽取研究

为了使程序处理数据保持整齐,对这 3 这篇文章的知网下载次数和被引次数均定义为 0。对于知网不显示被引次数的也标记次数为 0。修复后的样本数据文件保存为"cnki-rc-dc.txt",输出的样例数据,见表 5-26。

表 5-26 FIX 模块输出表

AID	AU	TI	RC	DC
0	徐蓓蓓	基于本体的突发事件舆情知识库建设研究	2	429
1	田俊静	基于决策树方法的网络舆情反转识别与实证研究	0	643
77	钱颖	微博舆情传播规律研究	0	0
…	……	……	…	…
95	范立国	公共信息网络舆情智能分析系统的分析与设计	10	515

以上便完成了数据获取与清洗过程,接着,为了研究的方便,需要对"CNKI 数据集"进行处理,建立关键词库,整个技术流程图,如图 5-64 所示。

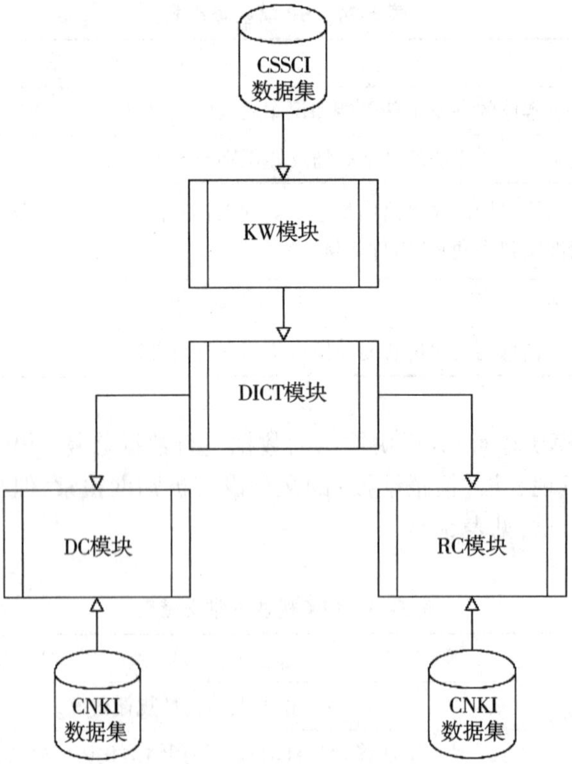

图 5-64 关键词库建立流程图

根据上图，建立关键词库的主要技术流程分为以下步骤。

①KW 模块。该模块是对"CSSCI 原始数据集"进行抽取，提取关键词，结果保存为"cnki-kw.txt"，输出的样本数据，见表 5-27。

表 5-27　KW 模块输出表

AID	AU	TI	KW
0	徐蓓蓓	基于本体的突发事件舆情知识库建设研究	突发事件/网络舆情知识库/本体/UML 映射
1	田俊静	基于决策树方法的网络舆情反转识别与实证研究	决策树/网络舆情/舆情反转/实证研究/分类属性
77	钱颖	微博舆情传播规律研究	新浪微博/突发事件/SIR 模型/微博舆情模型
…	……	……	……
95	范立国	公共信息网络舆情智能分析系统的分析与设计	网络舆情/综合信息采集/全文检索/数据关联挖掘

②DICT 模块。该模块以"cnki-kw.txt"为种子文件，基于"CSSCI 原始数据集"进行关键词词频统计，结果保存为"cnki-kw-diy.txt"，输出的样本数据，见表 5-28。

表 5-28　DICT 模块输出表

KID	KW	AIDS	TF
1	突发事件	0|26|36|59|60|69|77|	7
2	网络舆情知识库	0|	1
3	本体	0|20|	2
…	……	…	…
293	数据关联挖掘	95	1

③DC 模块。该模块以"cnki-kw.txt"为种子文件，基于联合查询"CNKI 数据集"进行下载次数统计，结果保存为"cnki-kw-dc.txt"。例如，"网络舆情知识库"关键词，只有 AID 为 0 的文章《基于本体的突发事件舆情》包含该关键词，因此，该关键词下载量为《基于本体的突发事件舆情》的下载量，429 次。而对于"本体"关键词，由于 AID 为 0 的《基于本体的突发事件舆情》和 AID 为 20 的《面向政府决策需求的社会舆情信息语义组织研究》均包含该关键词，而《面向政府决策需求的社会舆情信息语义组织研究》的下载量为 266 次，因此下载次数为两篇文章的下载量之和，695 次，输出的样本数据，见表 5-29。

表 5-29 DC 模块输出表

KID	KW	AIDS	DC
1	突发事件	0|26|36|59|60|69|77|	5535
2	网络舆情知识库	0|	429
3	本体	0|20|	695
…	……	…	…
293	数据关联挖掘	95	515

④RC 模块。该模块以“cnki-kw.txt”为种子文件,基于联合查询“CNKI 数据集”进行被引次数统计,结果保存为“cnki-kw-rc.txt”。RC 模块的计算原理同 DC 模块,输出的样本数据,见表 5-30。

表 5-30 RC 模块输出表

KID	KW	AIDS	RC
1	突发事件	0|26|36|59|60|69|77|	145
2	网络舆情知识库	0|	2
3	本体	0|20|	6
…	……	…	…
293	数据关联挖掘	95	10

通过以上步骤便完成了数据获取清洗工作和关键词库建立工作,本书的数据库检索时间为 2020 年 2 月 26 日,所有工程代码和数据文件可以在 Github① 免费获取。

5.5.3 实验结果

为了研究长尾理论,根据“二八定律”,前 20%为热门关键词,剩下的 80%为长尾关键词。笔者将表 5-28“DICT 模块输出表”、表 5-29“DC 模块输出表”和表 5-30“RC 模块输出表”按照词频进行降序排序,发现排名第一的关键词均为“网络舆情”。表 5-28 中“网络舆情”出现 59 次,排名第二的关键词“舆情”仅出现 7 次,排名第一的关键词出现的次数是排名第二的关键词的 8.43 倍。表 5-29 中“网络舆情”出现 70018 次,排名第二的关键词“舆情”仅出现 9328 次,排名第一的关键词出现的次数是排名第二的关键词的 7.5 倍。表 5-30 中“网络舆情”出现 1643 次,排名第二的关键词“舆情”仅出现 273 次,排名第一的关键词出现的次数是排名第二的关键词的 6 倍。由于“网络舆情”和其他关键词有数量级差异,因此视作噪音,从结果集中删除,不作为研究对象。因此,以下所有数据可视化中均不包含“网

① Research on Keyword Recommendation System for Academic Search Based on Long Tail Theory [EB/OL].https://www.github.com/greysh/paper-longtail.

络舆情”关键词。剩下的数据中,表 5-28、表 5-29、表 5-30 分别含有 292 个关键词。

对表 5-28 的数据进行绘制,数据分布关系记为 R1,结果如图 5-65 所示。

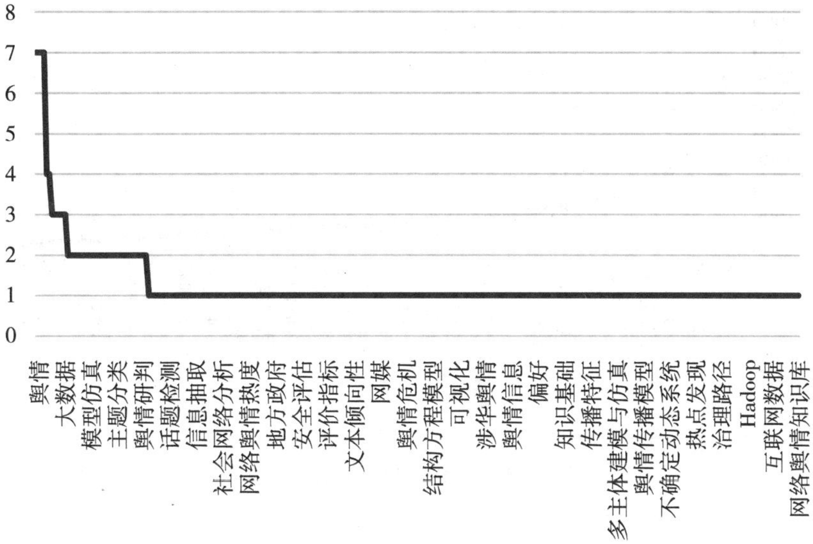

图 5-65　DICT 模块输出关系图 R1

为了分析作者在文献中定义的热词,进行分组统计,结果见表 5-31。

表 5-31　DICT 模块分组统计表

序号	CSSCI 数据集关键词引用次数	关键词数量	百分比
1	1	249	85. 27%
2	2	31	10. 62%
3	3	6	2. 05%
4	7	4	1. 37%
5	4	2	0. 68%

表 5-31 说明,对于研究的 96 篇文献,大部分作者在文章元数据中定义的关键词不重叠,数据分布点较为孤立和扁平,不存在长尾效应。如采用严格的关键词精确匹配搜索,则搜索到大于 1 篇文献的占比为14. 73%。但是,发现引用次数大于 3 的关键词只有 6 个,这 6 个关键词是热门关键词,分别是“舆情”“舆情传播”“微博”“突发事件”“系统动力学”“微博舆情”。

表 5-31“DICT 模块分组统计表”的搜索场景主要来自笔者基于自身文献内容定义的关键词搜索。基于同样的分析模式,对表 5-29 的数据进行绘制,数据分布关系记为 R2,结果

如图 5-66 所示。

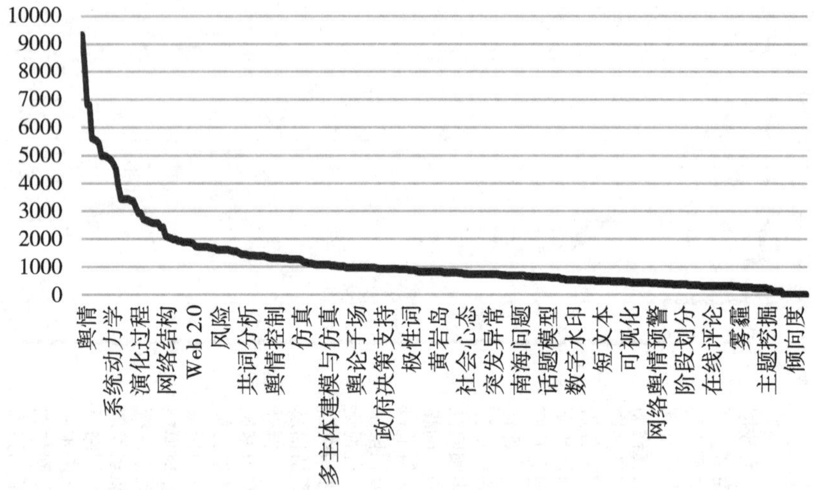

图 5-66　DC 模块输出图 R2

将图 5-65 和图 5-66 对比可以发现,从用户下载量来说,最高下载量为 9328 次,最低下载量为 0 次,以 1000 为单位分组进行数据修正,以进行分组统计,结果见表 5-32。

表 5-32　DC 模块分组统计表

序号	关键词对应的文献总下载区间	关键词数量	百分比
1	<1000	185	63. 36%
2	1001~2000	70	23. 97%
3	2001~3000	14	4. 79%
4	3001~4000	8	2. 74%
5	4001~5000	7	2. 40%
6	5001~6000	4	1. 37%
7	6001~7000	2	0. 68%
8	7001~8000	0	0. 00%
9	8001~9000	1	0. 34%
10	9001~9328	1	0. 34%

对表 5-32 的数据进行绘制,结果如图 5-67 所示。

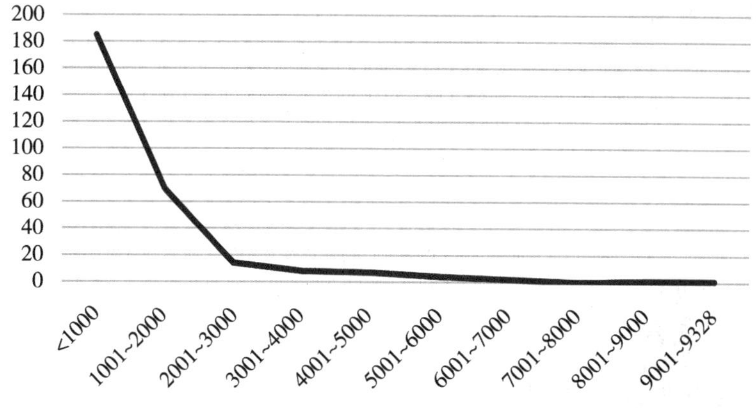

图 5-67 DC 模块分组统计输出图

将图 5-67 和图 5-66 对比，发现图 5-67 的斜率比图 5-66 大，数据分布不如图 5-66 扁平，也说明图 5-67 存在长尾效应，从文章下载量分布而言，存在关键词带来的文献下载量的分层现象。对下载量不大于 1000 次的数据进行分析，发现关键词对应的下载量小于 500 次的为 85 个关键词。关键词对应的下载量介于 500～1000 次的为 100 个关键词，该区间关键词最多。关键词对应的文献下载量主要分布在 2000 次以下。但是从图 5-67 中也可以看到文献下载量为 2000 次以上的文献，关键词约 37 个，这 37 个关键词即搜索的热词。其中大于 5000 次下载量的关键词为“微博”“舆情传播”“指标体系”“舆情分析”“意见挖掘”“突发事件”“模式识别”。

对表 5-30“RC 模块输出表”进行绘制，数据分布关系记为 R3，结果如图 5-68 所示。

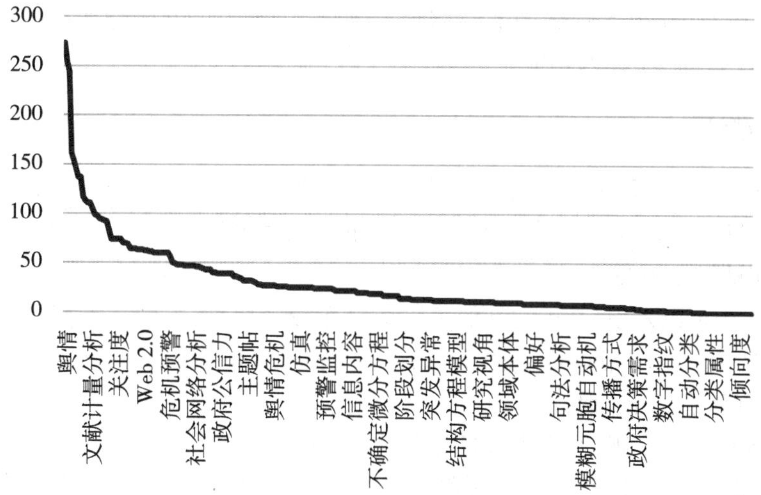

图 5-68 RC 模块输出图 R3

从图 5-68 中可以发现,被引次数最高是 273 次,最低是 0 次,对图 5-68 的数据进行分组统计,结果如图 5-69 所示。

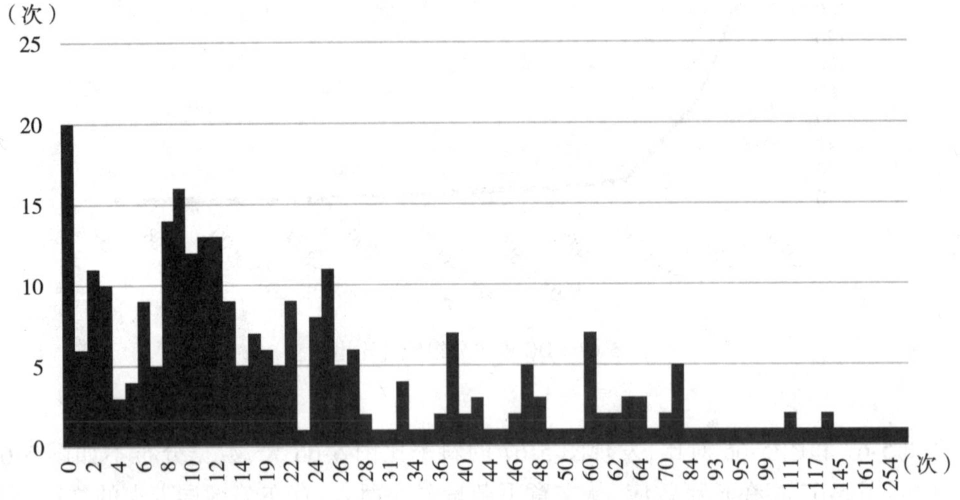

图 5-69 RC 模块分组统计输出图

图 5-69 的纵轴代表被引次数,横轴代表 CNKI 数据集中该被引次数的关键词次数。从图 5-69 中可以发现,关键词和被引次数不构成长尾效应,而是在不同的区间存在分组聚类现象,例如,被引次数为 25 的有 11 个关键词,被引次数为 10 的有 12 个关键词,这两个簇的规模大小相差不大。

对比 DICT 模块、DC 模块和 RC 模块,进一步可以发现,基于作者撰写文献角度,关键词分布较为扁平,长尾效应不明显。从下载量角度(DC)来看,存在长尾效应,因而有长尾关键词。从文献被引角度(RC)来看,存在分组聚类现象,主要的关键词分布在被引用分布中被引次数 7~14 次区间,或者 24~30 次区间。

5.5.4 实验结论

本书的研究基于长尾理论,分析了长尾关键词,并进行了可视化研究。以 CSSCI 检索数据库为例,其中以舆情关键词为例,分别分析文献中的关键词分布、关键词和下载量的关系以及关键词和被引量的关系。

从图 5-65 中可以发现,基于文献的关键词分布较为扁平,不同作者撰写文章的关键词差异很大,一般不会存在相同的关键词,作者应该先研究本领域的关键词分布,然后选择文献的关键词,有利于曝光文献。

从图 5-65 中可以发现,基于下载量和关键词的可视化研究,发现存在长尾效应,这意味着数据提供商为用户提供结果时,需要除了曝光热词,还要将同类但下载次数较少的关键词对应的文献提供给用户,有利于用户根据长尾关键词发现文献,提高文献下载量以及图书馆文献曝光率和利用率。

从图 5-68 中可以发现，基于被引用量和关键词的可视化研究，发现存在分组聚类现象，即关键词在一定被引区间会出现聚类现象，聚类现象多表现为正态分布。这意味着如果用户的目的不是下载文献，而是为了引用文献，学术搜索需要提供被引次数属于同一个分组的相关文献给用户。

通过以上三个层面的改进有利于提高图书馆的馆藏资源利用率，提高用户搜索效率，帮助用户发现冷门文献，更好地分享科研成果。

5.6 结论小结

通过本书的预处理、词库建模及可视化处理，可以将过去 20 年的自然科学基金立项数据进行绘制，并可以采用时间维度和依托单位维度进行分类。不论从时间维度还是依托单位维度，建立起的关键词映射关系都是一个巨大的稀疏矩阵，但是可以通过预处理过滤掉无效词，并且基于词频建立起领域词库，最后利用 t-SNE 算法对高维度矩阵进行降维。降维之后，实现了自动分类，有利于在微观层面为“双一流”大学提供学科建设的科学决策支撑，同时，在宏观层面为科技行政主管部门提供宏观决策支持及总结经验，这是本书的主要研究成果。

但是，本书的方法也存在一定的局限性，主要原因是国家自然科学基金委员会的网站在不断升级，很多历史数据并不合规。在词库建立上，鉴于中文词义的复杂性，本身很难提供一个足够通用的词库。在降维处理上，本书只研究了二维关键词和三维关键词，并且采用的分析数据是基金立项时的关键词列表。如果对基金的标题或者全文进行词库生成和分析，则研究的信息量比纯基金申报关键词精准。在词库处理上，如果对词语本身的上位词和下位词进行分析，则有利于减少词库的条数和降维。

本书研究可视化建模的学科意义与主要贡献在于，国家自然科学基金项目关键词反映了国内科研的趋势，是有重要学术研究价值的目标数据源。但是，直接分析国家层面资助的海量项目会带来“维度灾难”。数据可视化的降维方法是众多降维研究中最清晰、直观的研究点。

本书基于 t-SNE 的研究方法是对海量自然科学基金数据的可视化分类方法的研究。而同行主要基于 VOSViewer 或者 CiteSpace 进行研究。VOSViewer 或者 CiteSpace 的研究，国家自然科学基金数据的方法是需要人工干预的交互式研究。而本书采用的 t-SNE 方法研究是一种无监督学习的研究方法。本方法在处理海量数据时，从作者角度来说，能降低研究者进行数据分类的工作量，让研究者更关心业务，而不是技术。另外，相关学者也可以在本研究基础上进一步建模和编程，如进行交互式的可视化建模，对海量项目数据进行快速定位，提高科研效率。从图书馆角度通过对长尾关键词进行可视化，优化长尾关键词，有利于提高图书馆的馆藏资源利用率，提高用户搜索效率，帮助用户发现冷门文献，更好地分享科研成果。

6 下一代图书馆系统分析

6.1 研究背景

本章重点以 FOLIO 为例,介绍基于微服务架构的国外第三代图书馆服务平台(Library Service Platform,LSP)。FOLIO 基于微服务架构,被称为下一代图书馆服务平台。而与第一代的以线下纸质馆藏为中心、第二代的以业务管理为中心图书馆服务平台不同的是,下一代图书馆服务平台是以用户为中心,因此,下一代图书馆服务平台又被称为"第三代图书馆服务平台"。FOLIO 系统的全称是"The Future of Libraries is Open",由开放图书馆基金会(The Open Library Foundation)创立于 2016 年。FOLIO 系统在国外有很多著名大学客户,如康奈尔大学、史密斯学院、得克萨斯州农工大学、阿拉巴马大学、芝加哥大学。但却在最近 3 年(2018—2020 年)开始在中国的图书馆行业流行。目前,国内对该系统研究最多是上海图书馆和中国高等教育文献保障系统(China Academic Library & Information System,CALIS)。中国高等教育文献保障系统围绕图书馆建设的业务目标、共享协作目标、支撑平台目标和社区目标,在 FOLIO 基础上进行二次开发,推出了中国高等教育文献保障系统新一代图书馆服务平台(CLSP)。

此外,FOLIO 相对于现有图书馆服务平台的另一个重要优势是面向互联网,而不仅是线下图书馆。传统的数据管理主要基于线下图书馆的 MARC 分类体系,FOLIO 除了支持现有的 MARC 元数据分类体系外,还支持 BIBFRAME 元数据体系。

基于以上优势,国外各大图书馆本身具有升级到下一代图书馆服务平台的意愿,从现有的产品迁移到下一代图书馆服务平台的意向调查表,见表 6-1。

表 6-1 国外图书馆集成管理软件迁移意向表①

年份 产品	2016 年	2017 年	2018 年
Exlibris ALEPH	64. 60%	66. 90%	75. 00%
Exlibris Alma	2. 50%	1. 20%	3. 20%

① 周纲, 孙宇. 开创性的下一代图书馆服务平台解决方案——FOLIO[J]. 中国图书馆学报, 2020, 46(01): 79-91.

续表

产品＼年份	2016 年	2017 年	2018 年
SirsiDynix Horizon	28.60%	31.60%	35.00%
SirsiDynix Symphony	18.60%	19.80%	18.70%
III Millennium	75.00%	71.30%	74.20%
III Sierra	13.40%	19.20%	21.40%
OCLC WMS	6.00%	7.00%	9.20%

国内图书馆除了上海图书馆和中国高等教育文献保障系统外，北京大学图书馆也基于 FOLIO 的架构理念提出了北京大学图书馆新一代图书馆服务平台需求①。国内图书馆对图书馆服务平台的需求，如图 6-1 所示。

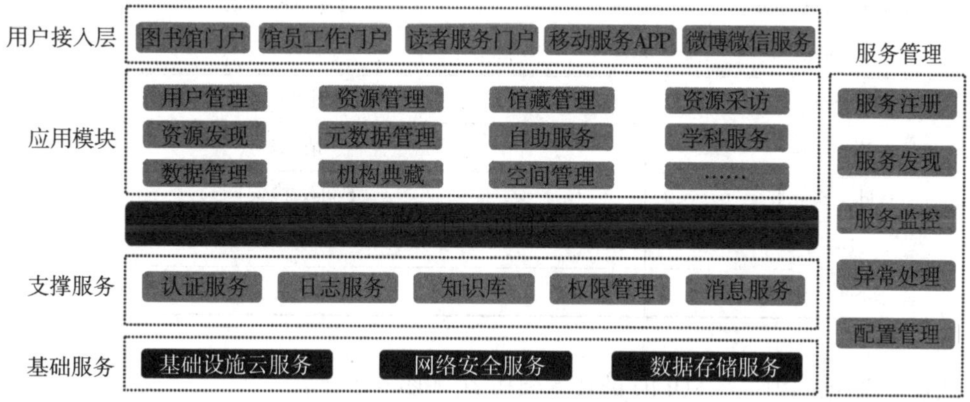

图 6-1　基于微服务的下一代图书馆服务平台架构②

国内图书馆如果升级现有系统为 FOLIO 系统，需要考虑与旧系统的兼容性和迁移成本，以及新系统的升级风险，需要了解 FOLIO 的系统架构及优势，才能做出科学的决策。

6.2　基于 FOLIO 的系统分析

从 FOLIO 系统的业务架构而言，FOLIO 自带了大量成熟的相关应用，具体的相关应用见表 6-2。

① 周义刚，聂华. 新一代图书馆服务平台调研及思考——基于北京大学图书馆的需求[J]. 图书馆杂志，2019，38(02)：69-78.

② 肖铮，林俊伟. 用微服务构架下一代图书馆服务平台——以 FOLIO 为例[J]. 图书馆杂志，2018，37(11)：63-69.

表 6-2 FOLIO 现有应用及其说明①

应用名称	说明
Agreemets	电子资源和协议
Check in	归还
Check out	外借
Data import	数据导入
eHoldings	电子资源
eUsage	资源使用统计
Inventory	馆藏管理
Invoice	发票
Finance	经费
Licenses	许可证
Local KB Admin	本地知识库管理
Orders	订单
Oranizations	组织
Requests	请求
Codex Search	Codex 检索
Users	用户
Settings	设置

从技术系统架构而言,FOLIO 的技术架构②,如图 6-2 所示。

从图 6-2 中可以看到,FOLIO 平台分为系统层(System Layer)、网关层(FOLIO Gateway)、应用层和界面层(UI Tookit)这 4 个层面。

①系统层。系统层主要实现底层数据库的交互模块、数据检索模块、多租户(Tenant)管理模块、日志管理模块等公用基础功能模块。多租户管理模块是为了方便一个服务商采用同一套系统提供给不同的大学,然后,再由大学系统管理员对大学的读者进行二次授权。FOLIO 默认使用的事务数据库为 PostgreSQL 数据库,元数据库为 MongoDB 数据库。

②网关层。网关层主要对不同端口的服务进行转发,FOLIO 将此模块称为 OKAPI 网关,OKAPI 网关底层通过 NGINX 的端口转发机制实现。不同厂家开发了不同的应用服务(module),但有可能部署在一台服务器上。这些应用服务通过不同的内部端口提供相应的应用服务,然后,通过 OKAPI 网关统一转发到特定端口,如常用的 HTTP 端口或者 HTTPS

① 周纲,孙宇. 开创性的下一代图书馆服务平台解决方案——FOLIO[J]. 中国图书馆学报,2020,46(1):79-91.

② 郭利敏,张磊. FOLIO 的技术选型与运营模式研究[J]. 中国图书馆学报,2020(1).

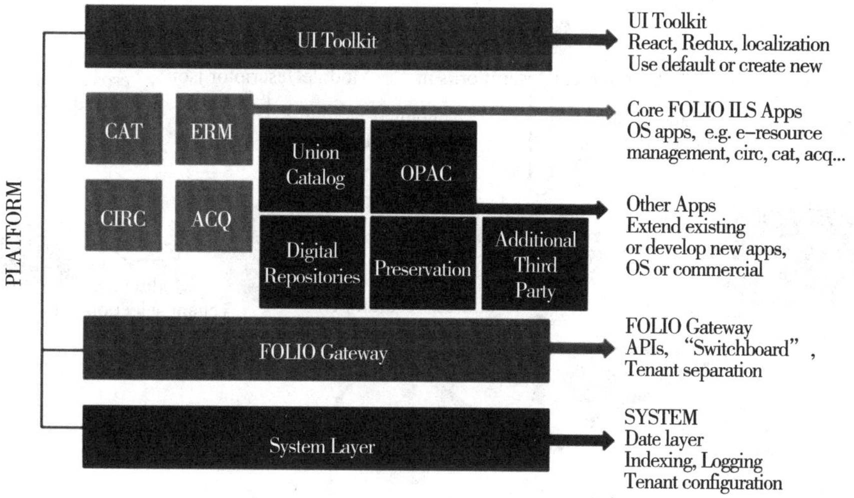

图 6-2 FOLIO 平台架构

端口,最后,由防火墙对内、外暴露的端口进行安全管理。由于不同的应用服务采用不同的内部端口,因而可以方便进行日志监控、负债均衡、流量跟踪、排查异常和独立部署。OKAPI 网关支持单服务器模式(dev)和集群模式(cluster)。

③应用层。应用层为业务逻辑层。对于图书馆的不同用户场景,需要开发独立的应用程序,这些应用程序的后台服务均基于微服务架构。开发完成后统一注册到 OKAPI 网关层,由 OKAPI 网关层进行统一的路由、授权、调度、服务器分片。

④界面层。界面层为系统前台的用户视图。由于微服务架构前、后台分离的特性,界面层并不直接请求应用层的后台服务,而是先请求 OKAPI 网关,由 OKAPI 网关进行调度。这样的好处是,实现界面层开发与应用层开发的解耦合。界面层的开发者往往是美工和 JavaScript 程序员,而应用层的开发者往往是 JavaScript 程序员。FOLIO 采用的界面层开发框架是 Stripes,是一款基于 NodeJS 的 JavaScript 的 UI 框架。

上述中最核心的微服务是 OKAPI 网关层。OKAPI 网关层的通信协议为 REST(Representational State Transfer)服务,通常基于 RAML(RESTful API Modeling Language)构建。RAML 是一种特殊的 API 建模语言,遵循 YAML(YAML Ain't Markup Language)格式语法。使用 RAML 可以高效地构造后端 API。对于通信协议背后的实现代码,采用 Vert.x 框架编写。Vert.x 框架是一款高并发、轻量级、高性能的 Java 框架。OKAPI 网关的接口又分为以下几类,如图 6-3 所示。

从图 6-3 中可以看到,OKAPI 网关的服务主要分为部署服务(Deployment Service)、发现服务(Discoverty Service)和代理服务(Proxy Serive)3 类。①代理服务,对新开发的微服务应用模块描述清单(ModuleDescriptor)进行注册,ModuleDescriptor 注明了程序的元数据和请求方法;②发现服务,对新开发的微服务应用部署描述清单(DeploymentDescriptor)进行注册,DeploymentDescriptor 注明了程序在硬盘的物理路径,该路径通常对应 docker 服务;③部署服务,和发现服务类似,但是发现服务用于单节点(dev 模式),部署服务用于服务器集群模式(cluster 模式)的节点。

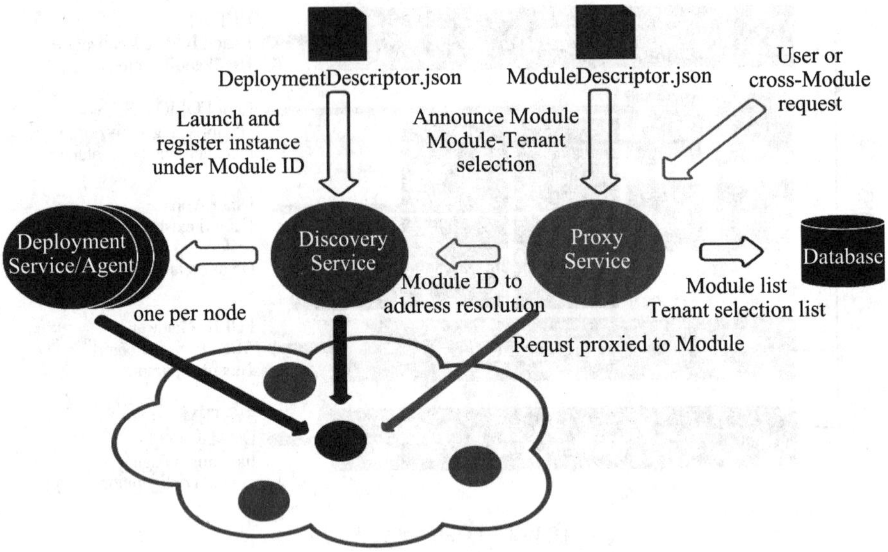

图 6-3 OKAPI 服务分类图①

从图书馆的业务而言，FOLIO 分为知识库域、馆藏域、采购域、馆藏域、流通域。每个域是由不同微服务应用构成的同一组场景模块(module)，各个模块通过 Codex 微服务域作为数据注册中心和数据中介来进行交互②。Codex 微服务的查询功能，如图 6-4 所示。

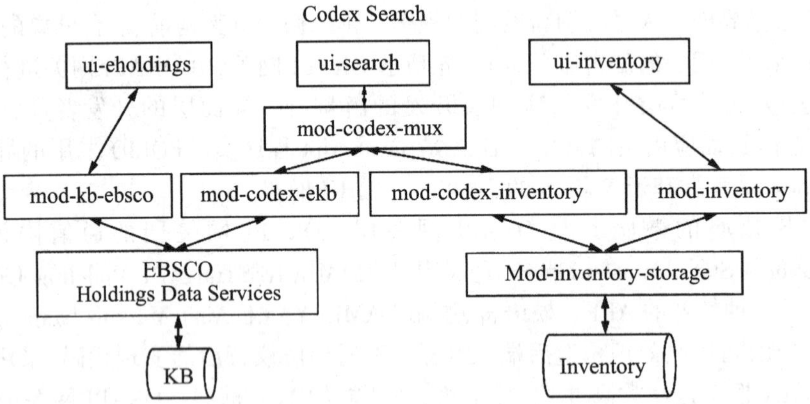

图 6-4 Codex 微服务查询功能图③

① FOLIO. Okapi Guide and Reference [EB/OL]. [2020]. https://github.com/folio-org/okapi/blob/master/doc/guide.md.

② 许磊，夏翠娟. 第三代图书馆服务平台的元数据管理——以 FOLIO 的 Codex 方案为例[J]. 中国图书馆学报，2020,46(1)：99-113.

③ 孙宇，周纲. 基于微服务架构的资源发现系统平台构建研究[J]. 中国图书馆学报，2020,46(1)：114-124.

6.3 图书馆服务质量的优化研究

为了进一步研究图书馆服务质量的改善,进行系统分析后,笔者采用 CentOS 进行实验。笔者采用了 VitualBox v6.1.4 和 Vargrant 虚拟机管理脚本,采用的编译构建为 Apache Maven 程序。FOLIO 的前端默认端口为 3000,后端默认端口为 9132,数据请求基于 Postman 软件。基于 FOLIO2018 年的版本(FOLIO/Q4-2018)进行实验,界面层运行成功后,如图 6-5 所示。

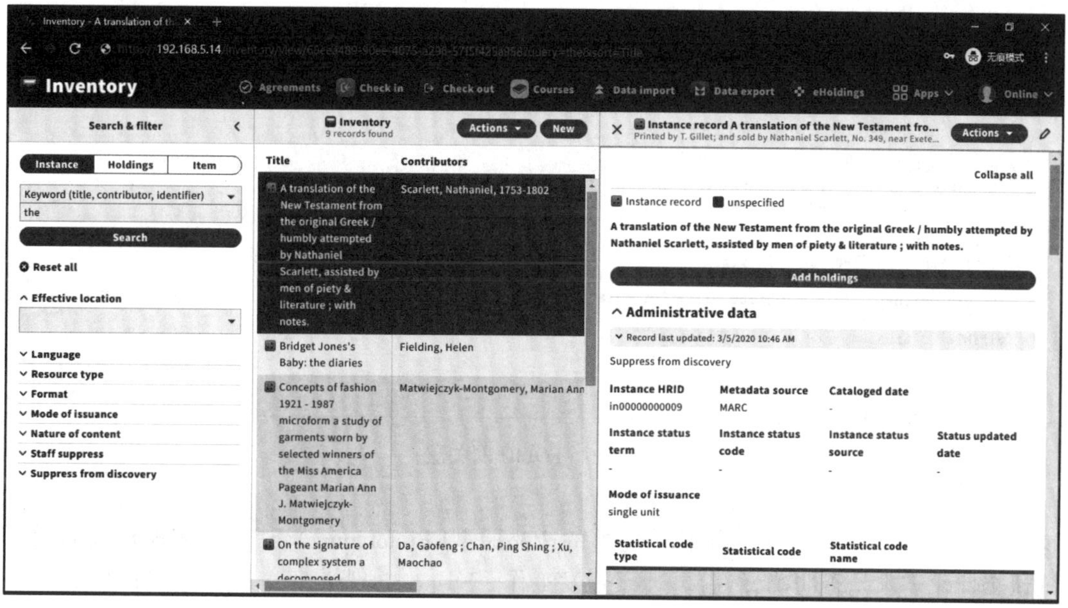

图 6-5 FOLIO 界面层

OKAPI 网关层运行成功后,如图 6-6 所示。

笔者研究了 FOLIO 微服务应用的官方示例,研究了 FOLIO 应用示例开发的完整生命周期,其中,前端的示例代码为 Stripes 代码①,后端的示例代码为 Verti.x 代码②,相关代码均可以在 Github 免费获取。图书馆如果采用 FOLIO,从读者和馆员角度而言,主要有以下优势。

从读者角度而言,主要的优势包含两个方面。

①以用户功能为中心,优化个性化定制服务。读者关心的个性化服务中的用户体验(Usability)和功能可用性(Availability),FOLIO 在改善读者的用户体验时,通过 Stripes 框架可以实现。Stripes 框架支持 Mock 测试,可以在收集读者个性化需求时先基于 Mock 测试模

---

① FOLIO. stripes-cli[EB/OL].[2020].https://github.com/folio-org/stripes-cli.

② FOLIO. hello-vertx[EB/OL].[2020].https://github.com/folio-org/folio-sample-modules/tree/master/hello-vertx.

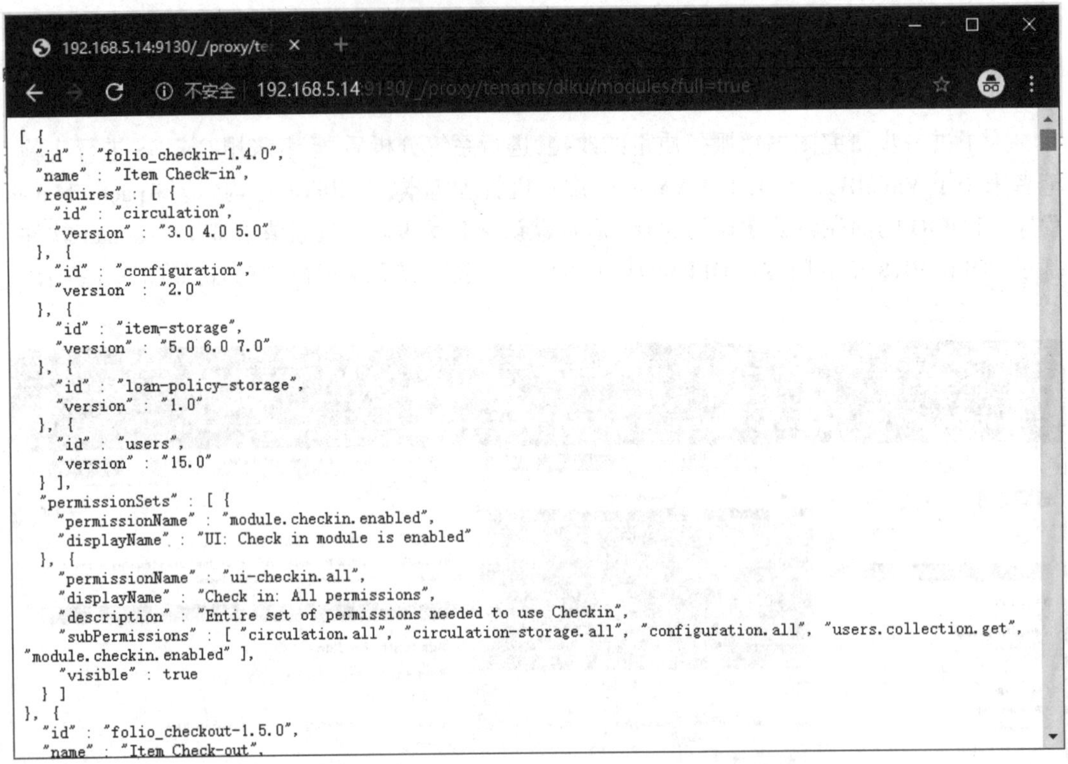

图 6-6 FOLIO 网关层

拟数据,从需求端而不是业务端构建完整的产品原型(Prototyping),让读者用模拟数据反复确认个性化需求是否明确,然后再进行开发工作。Stripes 框架自带一套 UI 控件框架,并不使用系统原生的 HTML 控件,可以做到按钮组件级的二次开发和主题定制,优化用户体验,方便修改和重构。当读者的个性化需求发生改变时,由于 Stripes 框架不直接请求数据库,而是通过 OKAPI 网关通信,可以在 OKAPI 网关增加新的用户服务,而不用删除旧服务。这样的优势是方便读者切换新系统,对比旧系统,更好地判断个性化需求是否满足。

②以用户体验为中心,统一用户体验。图书馆的数据系统来自不同厂家,系统集成很困难。如果基于 FOLIO,则很容易整合。具体而言,如果图书馆购买了厂家的镜像版数据库。只需通过 Vert.x 框架实现访问镜像数据库,或者镜像数据库的请求接口(通常为 JDBC 桥接),然后重新发布到 OKAPI 网关,这样就可以通过前端的 Stripes 框架去调用后台服务。

从馆员角度而言,主要的优势包含以下 4 个方面。

①降低开发成本。由于 FOLIO 本身开源和免费,自带大量的相关应用,图书馆不需要付费。另外,FOLIO 开源协议基于 Apache 协议,即便有商业公司进行闭源再发布,只要保留 Apache 协议,也不侵犯知识产权。FOLIO 并不会对二次开发的系统进行收费,极大地降低了图书馆行业的成本。

②分析读者行为,优化采购决策。由于 FOLIO 本身是以用户为中心,不是以馆藏资源量为中心,基于 FOLIO 的微服务的架构可以提高数据资源的曝光,具体有很多种方法,如通

过 FOLIO 的 OKAPI 网关统一管理图书馆的馆藏数据资源,然后在 OKAPI 网关转发前增加统计代码(例如 Google Analytics 代码),或者通过 OKAPI 网关的日志(本质是 NGINX 日志)分析读者的请求和搜索的网址关键词,结合搜索引擎优化技术对关键词日志进行热词分析,帮助馆员了解读者真正需要的资源分布,为图书馆购买数据库提供量化的依据。

③优化文献传递服务。FOLIO 是面向互联网的架构,本身支持分布式部署。有些大学图书馆的经费不足,资源不够,需要进行文献传递。基于 FOLIO 架构,可以通过 FOLIO 在云端请求不同大学的 OKAPI 网关,进行有效的文献传递。同时,由于前端是 Stripes 框架,对读者而言,不会改变用户体验,不会增加读者使用难度。

④优化馆藏资源的曝光。过去的图书馆系统是根据业务需求建立,但业务需求本身复杂,并且业务需求和读者的用户需求本身并不完全一致,结果使图书馆重复采购,但读者并不知道图书馆的馆藏资源分布情况,搜索不到相关资源。同时,馆员不能意识到读者的具体需求。如基于 FOLIO,图书馆的服务形态仿照苹果公司的应用商店(AppStore)。馆员将现有的数据资源通过 Vert.x 和 Stripes 进行微服务封箱,将封箱好的服务进行统一发布、曝光和运营。读者在图书馆的应用商店进行搜索,不同馆藏资源则通过应用商店优化技术(App Store Optimization,ASO)优化排名,让读者快速找到馆藏资源。

6.4 结论小结

本章分析了 FOLIO 的系统架构,研究了 FOLIO 应用的生命周期和 FOLIO 的示例代码,并从技术角度分析了 FOLIO 对图书馆行业服务的改善。通过本书的研究,采用 FOLIO 后,从读者角度而言,可以优化个性化定制服务,统一用户体验,从馆员角度而言,可以降低开发成本、优化采购决策、优化文献传递服务、优化馆藏资源曝光。因此,笔者建议国内图书情报机构采用 FOLIO 系统,基于 FOLIO 系统进行个性化定制和二次开发,优化图书馆的服务质量。

附录 A　面向图书馆信息系统的 QQL 语法表

A.1　QQL 的完整元语法定义表

QQL 的元语法定义采用 ABNF 范式描述。

(1) QqlStatement ABNF

QqlStatement=(QqlSelectStatement QqlWhereStatement)

QqlStatement=/[QqlModelStatement]

QqlStatement=/[QqlActionStatement]

QqlStatement=/[QqlUpdateStatement]

QqlStatement=/[QqlLimitStatement]

QqlStatement=/[QqlWhenStatement]

(2) QqlSelectStatement ABNF

QqlSelectStatement=("select" "from")

(3) QqlColumnStatement ABNF

QqlColumnStatement=column

QqlColumnStatement=/"," 0* (column)

Column 必须是 QqlRisConstan 定义的查询字段。

(4) QqlCorpusStatement ABNF

QqlCorpusStatement=/corpus

QqlCorpusStatement=/("," 0* (corpus))

Corpus 必须是 QqlCoprusConstant 定义的语料类型。

(5) QqlWhereStatement ABNF

QqlWhereStatement=("where" QqlKeywordStatement)

QqlWhereStatement=/["and" QqlSortStatement]

QqlWhereStatement=/["and" QqlFilterStatement]

(6) QqlKeywordStatement ABNF

QqlKeywordStatement=("keywords" "=" "[")

QqlKeywordStatement=QqlKeywordStatementSeg |(","0* (QqlKeywordStatementSeg))

QqlKeywordStatement=/"]"

QqlKeywordStatementSeg=keyword

搜索关键词必须是图书馆信息系统中用于检索的类型,比如,根据作者搜索,则输入“作者”。

(7) QqlSortStatement ABNF

QqlSortStatement=("sort" "by")

QqlSortStatement=/QqlSortStatementSeg

QqlSortStatement=/"," 0* (QqlSortStatementSeg)

QqlSortStatementSeg=column("desc" | "asc")

desc 是降序排序,asc 是升序排序。

(8) QqlFilterStatement ABNF

QqlFilterStatement=("filter" "by")

QqlFilterStatement=/QqlFilterStatementSeg

QqlFilterStatement=/"with" 0* (QqlFilterStatementSeg)

QqlFilterStatementSeg=(QqlFilterStatementSegType="[")

QqlFilterStatementSeg=/1* (QqlFilterStatementSegValue)

QqlFilterStatementSeg=/"]"

QqlFilterStatementSegInstance=(column)|("black"column)

(9) QqlModelStatement ABNF

QqlModelStatement=("load" "model" "=" "[")

QqlModelStatement=/QqlModelStatementSeg

QqlModelStatement=/"," 0* (QqlModelStatementSeg)

QqlModelStatement=/"]"

QqlModelStatementSeg=(QqlModelStatementSegType "=" QqlModelStatementSegValue)

注意:QqlModelStatementSegType 必须是 QqlModelConstant 中定义的类型。

(10) QqlActionStatement ABNF

QqlActionStatement=("then" " action" "=" "[")

QqlActionStatement=/QqlActionStatementSeg

QqlActionStatement=/"," 0* (QqlActionStatementSeg)

QqlActionStatement=/"]"

QqlActionStatementSeg=(QqlActionStatementSegType "=" QqlActionStatementSegValue)

(11) QqlUpdateStatement ABNF

QqlUpdateStatement=("update" "by")

QqlUpdateStatement=/"lazy" | "cache" | "force"

lazy 是指数据的延迟加载;cache 是从本地缓存中读取,如果本地缓存没有,则从远程读取;force 是强制从远程读取。

(12) QqlLimitStatement ABNF

QqlLimitStatement=("limit" QqlLimitStatementStart "," QqlLimitStatementOffset)

QqlLimitStatementStart=% x0-0x7fffffff

QqlLimitStatementOffset=% x0-0x7fffffff

(13) QqlWhenStatement ABNF

QqlWhenStatement="when" " cron" "=" "["

QqlWhenStatement=

QqlWhenStatement=/"]"

Cron 表达式是 Linux 系统的定时任务表达式。

A.2　QQL 的表达式正则匹配

parse=(qql/qml)*(SEMI(qql/qml))[SEMI] EOF;

qml=VACUUM /DELETE corpuses /CLEAN corpuses;

qql=queryStmt whereStmt [processStmt] whichStmt licenseStmt;

queryStmt=SELECT queryFields FROM corpuses;

queryFields=field*(COMMA field);

field=STRING;

corpuses=corpus*(COMMA corpus);

corpus=coprusStmtKey;

whereStmt=WHERE keywordStmt [COMMA limitStmt] [COMMA updateStmt];

keywordStmt=KEYWORD COMMANDASSIGN LSBRACKET keyword RSBRACKET;

keyword=keywordStmtValue*(COMMA keywordStmtValue);

keywordStmtValue=STRING;

processStmt=[doStmt] [withStmt] [whenStmt];

whichStmt=WHICH whichInputStmt [whichOutputStmt];

whichInputStmt=schemaStmt COMMA csStmt;

whichOutputStmt=[COMMA psStmt] [COMMA modelStmt];

schemaStmt=SCHEMA COMMANDASSIGN LSBRACKET schemaStmtList RSBRACKET;

schemaStmtList=schemaStmtMap*(COMMA schemaStmtMap);

schemaStmtMap=schemaStmtKey COMMANDASSIGN schemaStmtValue;
schemaStmtKey=STRING;
schemaStmtValue=STRING;
modelStmt=MODEL COMMANDASSIGN LSBRACKET modelStmtList RSBRACKET;
modelStmtList=modelStmtMap*(COMMA modelStmtMap);
modelStmtMap=modelStmtKey COMMANDASSIGN modelStmtValue;
modelStmtKey=STRING;
modelStmtValue=STRING;
csStmt=CORPUS COMMANDASSIGN LSBRACKET coprusStmtList RSBRACKET;
coprusStmtList=coprusStmtMap*(COMMA coprusStmtMap);
coprusStmtMap=coprusStmtKey COMMANDASSIGN coprusStmtValue;
coprusStmtKey=STRING;
coprusStmtValue=STRING;
psStmt=PLUGIN COMMANDASSIGN LSBRACKET pluginStmtList RSBRACKET;
pluginStmtList=pluginStmtMap*(COMMA pluginStmtMap);
pluginStmtMap=pluginStmtKey COMMANDASSIGN pluginStmtValue;
pluginStmtKey=STRING;
pluginStmtValue=STRING;
dsStmt=DAEMON COMMANDASSIGN LSBRACKET daemonStmtList RSBRACKET;
daemonStmtList=daemonStmtMap*(COMMA daemonStmtMap);
daemonStmtMap=daemonStmtKey COMMANDASSIGN daemonStmtValue;
daemonStmtKey=STRING;
daemonStmtValue=STRING;
licenseStmt=COMMA LICENSE COMMANDASSIGN LSBRACKET licenseStmtList RSBRACKET;
licenseStmtList=licenseStmtMap*(COMMA licenseStmtMap);
licenseStmtMap=licenseStmtKey COMMANDASSIGN licenseStmtValue;
licenseStmtKey=STRING;
licenseStmtValue=STRING;
whenStmt=WHEN [cronStmt] [COMMA dsStmt];
cronStmt=CRON COMMANDASSIGN LSBRACKET cronStmtValue RSBRACKET;
cronStmtValue=STRING;
limitStmt=LIMIT limitStart COMMA limitOffset;
limitStart=NUMBER;
limitOffset=NUMBER;
updateStmt=UPDATE COMMANDASSIGN updateType;
updateType=UPDATELAZY /UPDATELOCAL /UPDATEREMOTE;
doStmt=DO(sortStmt /filterStmt)*(COMMA(sortStmt /filterStmt));
sortStmt=SORT COMMANDASSIGN LSBRACKET sortStmtMap*(COMMA sortStmtMap)

RSBRACKET;

sortStmtMap=sortStmtKey COMMANDASSIGN sortStmtValue;

sortStmtKey=STRING;

sortStmtValue=ASC /DESC;

filterStmt=[BLACK] FILTER COMMANDASSIGN LSBRACKET filterStmtMap*(COMMA filterStmtMap) RSBRACKET;

filterStmtMap=filterStmtKey COMMANDASSIGN filterStmtValue;

filterStmtKey=STRING;

filterStmtValue=STRING;

withStmt=WITH pluginsStmt;

pluginsStmt=PLUGINS COMMANDASSIGN LSBRACKET pluginsStmtList RSBRACKET;

pluginsStmtList=pluginsStmtMap*(COMMA pluginsStmtMap);

pluginsStmtMap=pluginsStmtKey COMMANDASSIGN pluginsStmtValue ;

pluginsStmtKey=pluginStmtKey;

pluginsStmtValue=STRING;

A.3　QQL 语法的关键词表

表 A-1　QQL 语法关键词表

<table>
<tr><th>关键词</th><th>值</th></tr>
<tr><td>SPACE</td><td>[ ] +</td></tr>
<tr><td>COMMENTINPUT</td><td>'/' .? ' * /'</td></tr>
<tr><td>LINECOMMENT</td><td>(('-- ' | '#' | '//')~ [ ]*(''?'' | EOF)| '--'(''?'' | EOF))</td></tr>
<tr><td>COMMANDASSIGN</td><td>' ='</td></tr>
<tr><td>LRBRACKET</td><td>'('</td></tr>
<tr><td>RRBRACKET</td><td>')'</td></tr>
<tr><td>LSBRACKET</td><td>'['</td></tr>
<tr><td>RSBRACKET</td><td>']'</td></tr>
<tr><td>SEMI</td><td>';'</td></tr>
<tr><td>COMMA</td><td>','</td></tr>
<tr><td>DOT</td><td>'.'</td></tr>
<tr><td>STAR</td><td>'* '</td></tr>
<tr><td>DIVIDE</td><td>'/'</td></tr>
</table>

续表

关键词	值
MODULE	'%'
DQUOTE	'"'
SQUOTE	'''
VACUUM	V A C U U M
DELETE	D E L E T E
CLEAN	C L E A N
SELECT	S E L E C T
FROM	F R O M
WHERE	W H E R E
KEYWORD	K E Y W O R D
WHEN	W H E N
CRON	C R O N
LIMIT	L I M I T
UPDATE	U P D A T E
UPDATELAZY	L A Z Y
UPDATELOCAL	L O C A L
UPDATEREMOTE	R E M O T E
DO	D O
SORT	S O R T
ASC	A S C
DESC	D E S C
FILTER	F I L T E R
BLACK	B L A C K
WITH	W I T H
PLUGINS	P L U G I N S
WHICH	W H I C H
SCHEMA	S C H E M A

续表

<table>
<tr><th>关键词</th><th>值</th></tr>
<tr><td>MODEL</td><td>M O D E L</td></tr>
<tr><td>CORPUS</td><td>C O R P U S</td></tr>
<tr><td>PLUGIN</td><td>P L U G I N</td></tr>
<tr><td>DAEMON</td><td>D A E M O N</td></tr>
<tr><td>LICENSE</td><td>L I C E N S E</td></tr>
<tr><td>fragment ID_LETTER</td><td>[a- zA- Z_]</td></tr>
<tr><td>fragment SQUOTA_STRING</td><td>'''('\' . | '''' | ~(''' | '\'))* '''</td></tr>
<tr><td>fragment DIGIT</td><td>[0- 9];</td></tr>
<tr><td>ID</td><td>ID_LETTER(ID_LETTER | DIGIT)*</td></tr>
<tr><td>STRING</td><td>SQUOTA_STRING</td></tr>
<tr><td>NUMBEG</td><td>DIGIT +</td></tr>
</table>

A.4　QQL 的词法定义常量表

表 A-2　QQL Action 的常量定义

类型	常量名	常量值
String	QQL_ACTION_CALL	call
String	QQL_ACTION_EXPORT_BIB	bib
String	QQL_ACTION_EXPORT_DB	db
String	QQL_ACTION_EXPORT_DOI	doi
String	QQL_ACTION_EXPORT_PAPER	paper
String	QQL_ACTION_EXPORT_REPORT	report
String	QQL_ACTION_EXPORT_URL	url
String	QQL_ACTION_EXPORT_VIZ	viz
String	QQL_ACTION_EXPORT_WEB	web
String	QQL_ACTION_MAIL	mail
String	QQL_ACTION_SMS	sms
String	QQL_ACTION_TRANSLATE	translate

表 A-3　QQL Corpus 的常量定义

类型	常量名	常量值
String	CSSCI_CORPUS	cssci
String	CSCD_CORPUS	cscd
String	SCI_CORPUS	sci
String	SSCI_CORPUS	ssci
String	AHCI_CORPUS	ahci
String	CPSTPCD_CORPUS	cpstpcd
String	PAPER_CORPUS	papaer
String	CONFERENCE_CORPUS	conference
String	BOOK_CORPUS	book
String	DISSERTATION_CORPUS	dissertation
String	NEWSPAPER_CORPUS	newspaper
String	PATENT_CORPUS	patent
String	STANDARD_CORPUS	standard
String	GOVDOC_CORPUS	govdoc
String	DATA_CORPUS	data
String	WEB_CORPUS	web
String	UNKNOWN_CORPUS	unknow
Integer	CSSCI_CORPUS_INDEX	1
Integer	CSCD_CORPUS_INDEX	2
Integer	SCI_CORPUS_INDEX	3
Integer	SSCI_CORPUS_INDEX	4
Integer	AHCI_CORPUS_INDEX	5
Integer	CPSTPCD_CORPUS_INDEX	6
Integer	PAPER_CORPUS_INDEX	7
Integer	CONFERENCE_CORPUS_INDEX	8
Integer	BOOK_CORPUS_INDEX	9
Integer	DISSERTATION_CORPUS_INDEX	10
Integer	NEWSPAPER_CORPUS_INDEX	11
Integer	PATENT_CORPUS_INDEX	12
Integer	STANDARD_CORPUS_INDEX	13
Integer	GOVDOC_CORPUS_INDEX	14
Integer	DATA_CORPUS_INDEX	15
Integer	WEB_CORPUS_INDEX	16
Integer	UNKNOWN_CORPUS_INDEX	17
Map	QQL_CORPUS_INDEX_MAP	Map
Map	QQL_CORPUS_STRING_MAP	Map

表 A-4　QQL Filter 的常量定义

类型	常量名	常量值
String	QQL_FILTER_YEAR	year
String	QQL_FILTER_AUTHOR_NAME	author
String	QQL_FILTER_BLACK_AUTHOR_NAME	blackauthor
String	QQL_FILTER_KEYWORDS	keywords
String	QQL_FILTER_BLACK_KEYWORDS	blackkeywords
String	QQL_FILTER_JOURNAL_NAME	journalname
String	QQL_FILTER_BLACK_JOURNAL_NAME	blackjournalname
String	QQL_FILTER_TITLE	title
String	QQL_FILTER_BLACK_TITLE	blacktitle

表 A-5　QQL Limit 的常量定义

类型	常量名	常量值
Integer	QQL_DEFAULT_LIMIT_SIZE	100
Integer	QQL_DEFAULT_LIMIT_START	0

表 A-6　QQL Sort 的常量定义

类型	常量名	常量值
String	QQL_SORT_BY_DESC	desc
String	QQL_SORT_BY_ASC	asc
String	QQL_SORT_YEAR	year
String	QQL_SORT_AUTHOR_NAME	author
String	QQL_SORT_JOURNAL_NAME	journalname
String	QQL_SORT_KEYWORS	keywords
String	QQL_SORT_TITLE	title
Integer	QQL_SORT_BLACK_STRING_INDEX	- 2147483648

表 A-7　QQL Statement 的常量定义

类型	常量名	常量值
String	QQL_STATEMENT_SELECT	select
String	QQL_STATEMENT_FROM	from
String	QQL_STATEMENT_WHERE	where
String	QQL_STATEMENT_WHEN	when
String	QQL_STATEMENT_AND	and
String	QQL_STATEMENT_WITH	with
String	QQL_STATEMENT_LOAD	load
String	QQL_STATEMENT_LOAD_MODEL	load model
String	QQL_STATEMENT_MODEL	model
String	QQL_STATEMENT_THEN	then
String	QQL_STATEMENT_THEN_ACTION	then action
String	QQL_STATEMENT_ACTION	action
String	QQL_STATEMENT_KEYWORD	keywords
String	QQL_STATEMENT_SORT_BY	sort by
String	QQL_STATEMENT_FILTER_BY	filter by
String	QQL_STATEMENT_CRON	cron
String	QQL_STATEMENT_UPDATE	Update
String	QQL_STATEMENT_LIMIT	limit

表 A-8　QQL Token 的常量定义

类型	常量名	常量值
String	QQL_TOKEN_EQUAL_SIGN	=
String	QQL_TOKEN_PLUS_SIGN	+
String	QQL_TOKEN_PLUS_SIGN_SPLIT	+
String	QQL_TOKEN_LEFT_SQUARE_BRACKET	[
String	QQL_TOKEN_RIGHT_SQUARE_BRACKET	]
String	QQL_TOKEN_COMMA	,
String	QQL_TOKEN_SPLAH	/

续表

类型	常量名	常量值
String	QQL_TOKEN_COMMA_SPLIT	,
String	QQL_TOKEN_BLANK_SPACE	
String	QQL_TOKEN_COLON	:
String	QQL_TOKEN_BLANK_STRING	
Integer	QQL_CURRENT_YEAR	2019
String	QQL_DEFAULT_YEAR	1970
String	QQL_TOKEN_COMMENT	#

表 A-9　QQL Update 的常量定义

类型	常量名	常量值
String	QQL_UPDATE_BY_FORCE	update by force
String	QQL_UPDATE_BY_CACHE	update by cache
String	QQL_UPDATE_BY_LASY	update by lazy
Integer	QQL_UPDATE_BY_LASY_INDEX	0
Integer	QQL_UPDATE_BY_CACHE_INDEX	1
Integer	QQL_UPDATE_BY_FORCE_INDEX	2
Map	QQL_UPDATE_STRING_MAP	Map

A.5　QQL 查询语法的状态机示例图

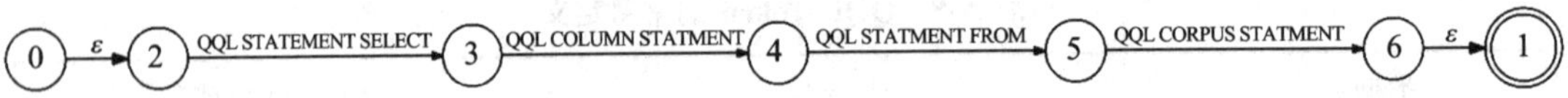

图 A-1　QQL 语法状态机示例

A.6　QQL 查询语法的抽象语法树示例图

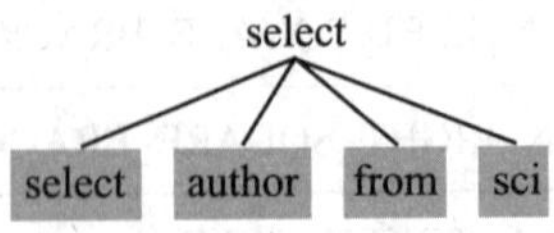

图 A-2　QQL 抽象语法树示例

A.7 QQL 异常管理的类型常量表

表 A-10 QQL 异常管理类型常量

类型	常量名	常量值
String	QQL_TOKEN_BLANK_STRING	QQL_TOKEN_BLANK_STRING
Integer	QQL_TOKEN_BLANK_STRING_INDEX	0
String	QQL_TOKEN_SELECT_EXCEPTION	QQL_TOKEN_SELECT_EXCEPTION
Integer	QQL_TOKEN_SELECT_EXCEPTION_INDEX	101
String	QQL_COLUMN_STATEMENT_EXCEPTION	QQL_COLUMN_STATMENT_EXCEPTION
Integer	QQL_COLUMN_STATEMENT_EXCEPTION_INDEX	102
String	QQL_TOKEN_FROM_EXCEPTION	QQL_TOKEN_FROM_EXCEPTION
Integer	QQL_TOKEN_FROM_EXCEPTION_INDEX	103
String	QQL_CORPUS_STATEMENT_EXCEPTION	QQL_CORPUS_STATEMENT_EXCEPTION
Integer	QQL_CORPUS_STATEMENT_EXCEPTION_INDEX	104
String	QQL_CORPUS_SERVICE_EXCEPTION	QQL_CORPUS_SERVICE_EXCEPTION
Integer	QQL_CORPUS_SERVICE_EXCEPTION_INDEX	105
String	QQL_WHERE_STATEMENT_EXCEPTION	QQL_WHERE_STATEMENT_EXCEPTION
Integer	QQL_WHERE_STATEMENT_EXCEPTION_INDEX	106
String	QQL_WHERE_SUB_STATEMENT_EXCEPTION	QQL_WHERE_SUB_STATEMENT_EXCEPTION
Integer	QQL_WHERE_SUB_STATEMENT_EXCEPTION_INDEX	107
String	QQL_TOKEN_KEYWORD_EXCEPTION	QQL_TOKEN_KEYWORD_EXCEPTION
Integer	QQL_TOKEN_KEYWORD_EXCEPTION_INDEX	201
String	QQL_TOKEN_AND_EXCEPTION	QQL_TOKEN_AND_EXCEPTION
Integer	QQL_TOKEN_AND_EXCEPTION_INDEX	301
String	QQL_MODEL_STATEMENT_EXCEPTION	QQL_MODEL_STATEMENT_EXCEPTION
Integer	QQL_MODEL_STATEMENT_EXCEPTION_INDEX	401
String	QQL_ACTION_STATEMENT_EXCEPTION	QQL_ACTION_STATEMENT_EXCEPTION

续表

类型	常量名	常量值
Integer	QQL _ ACTION _ STATEMENT _ EXCEPTION _INDEX	501
String	QQL_TOKEN_UPDATE_EXCEPTION	QQL_TOKEN_UPDATE_EXCEPTION
Integer	QQL_TOKEN_UPDATE_EXCEPTION_INDEX	601
String	QQL_TOKEN_LIMIT_EXCEPTION	QQL_TOKEN_LIMIT_EXCEPTION
Integer	QQL_TOKEN_LIMIT_EXCEPTION_INDEX	701
String	QQL_WHEN_STATEMENT_EXCEPTION	QQL_WHEN_STATEMENT_EXCEPTION
Integer	QQL _ WHEN _ STATEMENT _ EXCEPTION _INDEX	801
String	QQL_TOKEN_CRON_EXCEPTION	QQL_TOKEN_CRON_EXCEPTION
Integer	QQL_TOKEN_CRON_EXCEPTION_INDEX	802
String	QQL_WHEN_SERVICE_EXCEPTION	QQL_WIIEN_SERVICE_EXCEPTION
Integer	QQL_WHEN_SERVICE_EXCEPTION_INDEX	803
Map	QQL_EXCETION_INDEX_MAP	Map
Map	QQL_EXCETION_STRING_MAP	Map

A.8　QQL 参考文献的检索类型常量表

表 A-11　QQL 参考文献检索类型常量

类型	常量名	常量值
String	A1	firstauthor
String	A2	secondaryauthor
String	A3	tertiaryauthor
String	A4	subsidiaryauthor
String	AB	abstract
String	AD	authoraddress
String	AN	accessionnumber
String	AV	locationinarchives
String	AU	author
String	C1	custom1

续表

类型	常量名	常量值
String	C2	custom2
String	C3	custom3
String	C4	custom4
String	C5	custom5
String	C6	custom6
String	C7	custom7
String	C8	custom8
String	CA	caption
String	CN	callnumber
String	CT	titleofunpublishedreference
String	CY	placepublished
String	DA	date
String	DB	nameofdatabase
String	DO	doi
String	DP	databaseprovider
String	ED	editor
String	EP	endpage
String	ER	endofreference
String	ET	edition
String	ID	referenceid
String	IS	issuenumber
String	J2	alternatetitle
String	JF	journalname
String	KW	keywords
String	L1	linktopdf
String	L2	linktofulltext
String	L3	relatedrecords
String	L4	image
String	LA	language
String	LB	label
String	LK	websitelink

续表

类型	常量名	常量值
String	M1	number
String	M2	miscellaneous
String	M3	typeofwork
String	N1	notes
String	NV	numberofvolumes
String	OP	originalpublication
String	PB	publisher
String	PP	publishingplace
String	PY	year
String	RI	revieweditem
String	RN	researchnotes
String	RP	reprintedition
String	SE	section
String	SN_ISBN	ISBN
String	SN_ISSN	ISSN
String	SP	startpage
String	ST	shorttitle
String	T1	primarytitle
String	T2	secondarytitle
String	T3	tertiarytitle
String	TA	translatedauthor
String	TI	title
String	TT	translatedtitle
String	TY	type
String	U1	userdefinable1
String	U2	userdefinable2
String	U3	userdefinable3
String	U4	userdefinable4
String	U5	userdefinable5
String	UR	url
String	VL	volumenumber

续表

类型	常量名	常量值
String	VO	publishedstandardnumber
String	Y1	primarydate
String	Y2	accessdate
String	N2	B2
String	CP	CP
String	BT	BT
String	J1	J1
String	JA	JA
String	JO	JO
Map	QQL_RIS_TOKEN_MAP	Map

A.9　QQL 参考文献的文体类型常量表

表 A-12　QQL 参考文献文体类型常量

类型	常量名	常量值
String	ABST	abstract
String	ADVS	audiovisualmaterial
String	AGGR	aggregateddatabase
String	ANCIENT	ancienttext
String	ART	artwork
String	BILL	bill
String	BLOG	blog
String	BOOK	wholebook
String	CASE	case
String	CHAP	bookchapter
String	CHART	chart
String	CLSWK	classicalwork
String	COMP	computerprogram
String	CONF	conferenceproceeding
String	CPAPER	conferencepaper

续表

类型	常量名	常量值
String	CTLG	catalog
String	DATA	datafile
String	DBASE	onlinedatabase
String	DICT	dictionary
String	EBOOK	electronicbook
String	ECHAP	electronicbooksection
String	EDBOOK	editedbook
String	EJOUR	electronicarticle
String	ELEC	webpage
String	ENCYC	encyclopedia
String	EQUA	equation
String	FIGURE	figure
String	GEN	generic
String	GOVDOC	governmentdocument
String	GRANT	grant
String	HEAR	hearing
String	ICOMM	internetcommunication
String	INPR	inpress
String	JFULL	journalfull
String	JOUR	journal
String	LEGAL	legalruleorregulation
String	MANSCPT	manuscript
String	MAP	map
String	MGZN	magazinearticle
String	MPCT	motionpicture
String	MULTI	onlinemultimedia
String	MUSIC	musicscore
String	NEWS	newspaper
String	PAMP	pamphlet
String	PAT	patent
String	PCOMM	personalcommunication

续表

类型	常量名	常量值
String	RPRT	report
String	SER	serialpublication
String	SLIDE	slide
String	SOUND	soundrecording
String	STAND	standard
String	STAT	statute
String	THES	thesisdissertation
String	UNPB	unpublishedwork
String	VIDEO	videorecording
Map	QQL_RIS_TYPE_MAP	Map

附录 B　面向图书馆信息系统的 QQL 的可视化查询系统

B.1　SELECT 查询语句

查询 CSSCI 语料库中与“人工智能”有关的所有报告，显示数据发布的时间年、期刊名、作者、标题、链接地址。

输入以下命令：

select 列名称 from 语料库名 where keywords=[关键字]

查询过程及结果如图 B-1、图 B-2、图 B-3 所示。

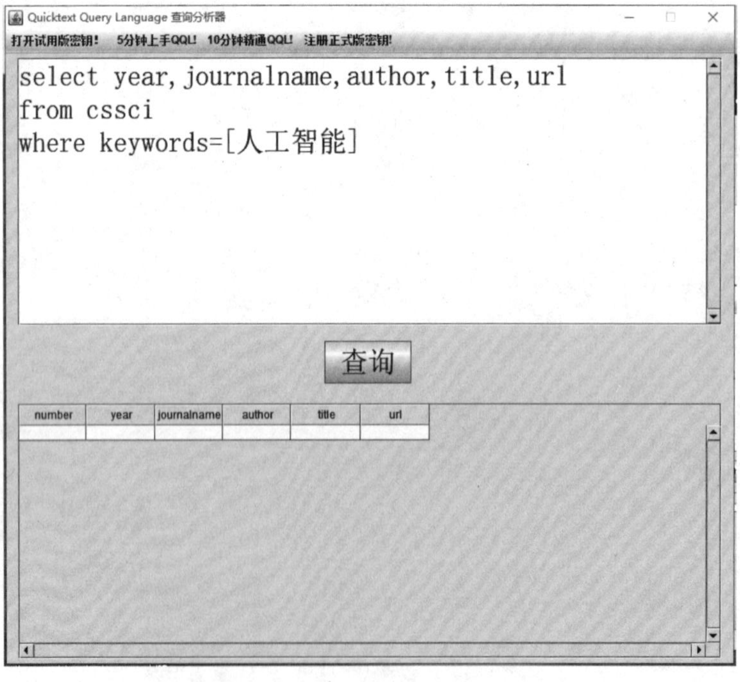

图 B-1　SELECT 查询语句输入命令

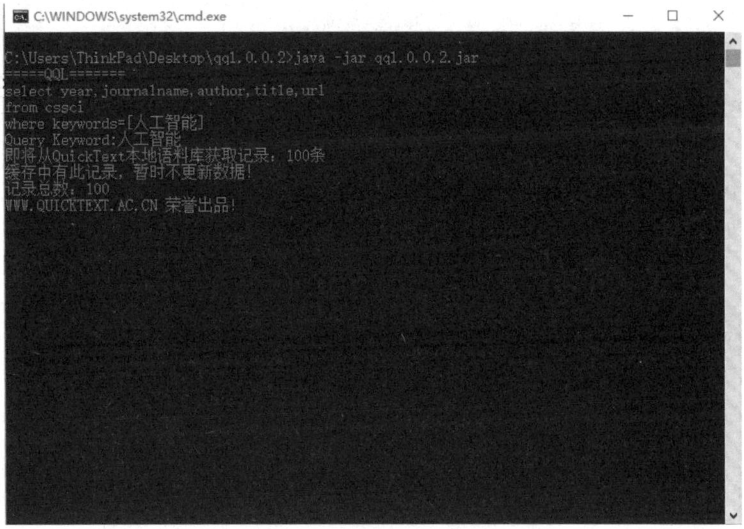

图 B-2　SELECT 查询语句执行过程

图 B-3　SELECT 查询语句执行结果

B.2　LIMIT 查询语句

查询 CSSCI 语料库中与“人工智能”有关的所有报告，显示报告发布的时间年、期刊名、作者、标题、链接地址。使用 LIMIT 语句限定返回的数据条数和开始查询的数据编码。

输入以下命令：

select year,journalname,author,title,url　from cssci where keywords=[人工智能]

限定起始位置(默认 0 从第一条数据开始)，获取数据的条数(默认为 100 条数据)查询结果如图 B-4、图 B-5、图 B-6 所示。

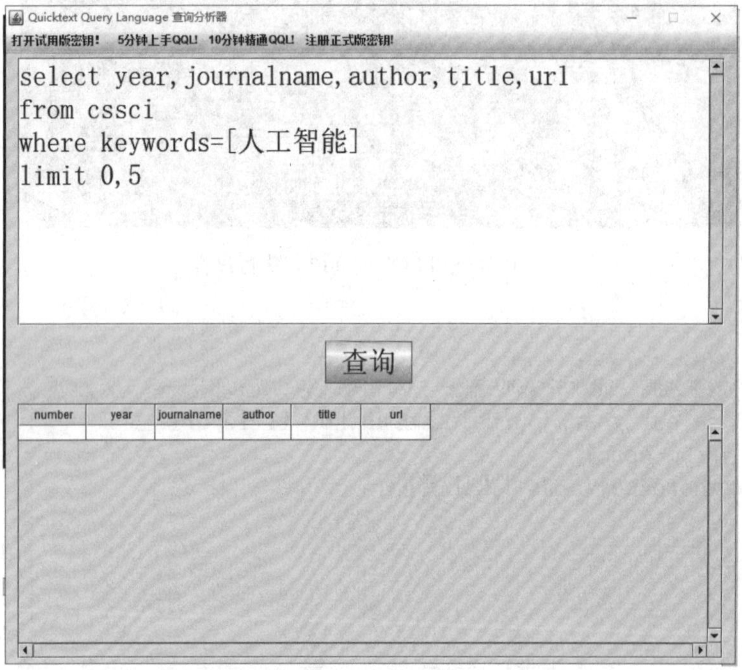

图 B-4　LIMIT 查询语句输入命令

图 B-5　LIMIT 查询语句执行过程

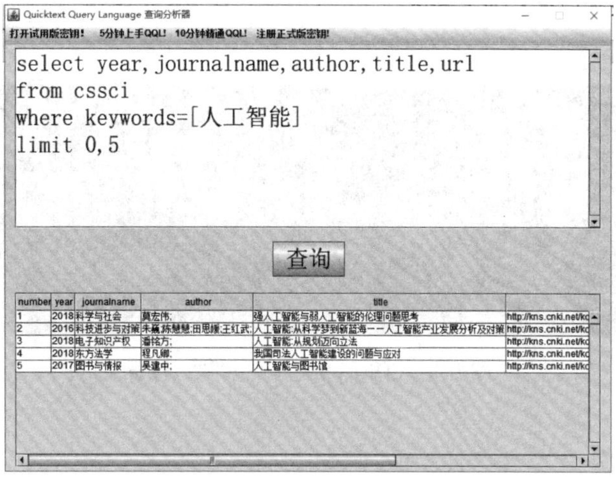

图 B-6　LIMIT 查询语句执行结果

B.3　CORPUS 查询语句

查询 CSSCI 语料库中与“人工智能”有关的所有报告，显示报告发布的时间年、期刊名、作者、标题、链接地址。

输入以下命令：

select year, journalname, author, title, url from 语料库名 where keywords = [人工智能]

查询结果如图 B-7、图 B-8、图 B-9 所示。

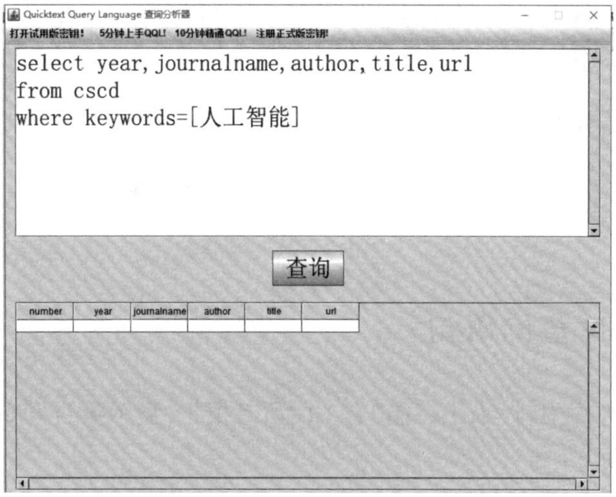

图 B-7　CORPUS 查询语句输入命令

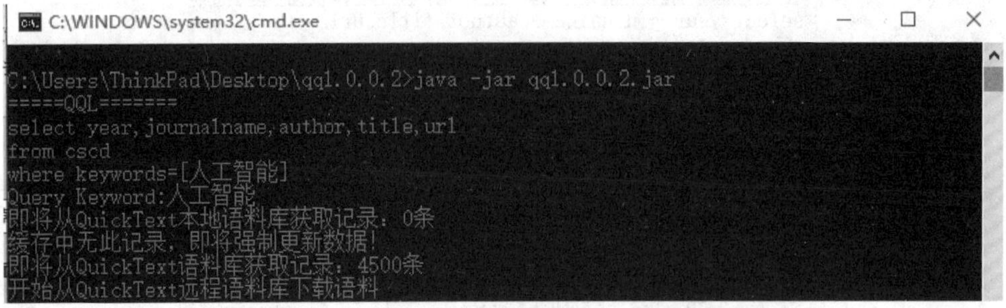

图 B-8 CORPUS 查询语句执行过程

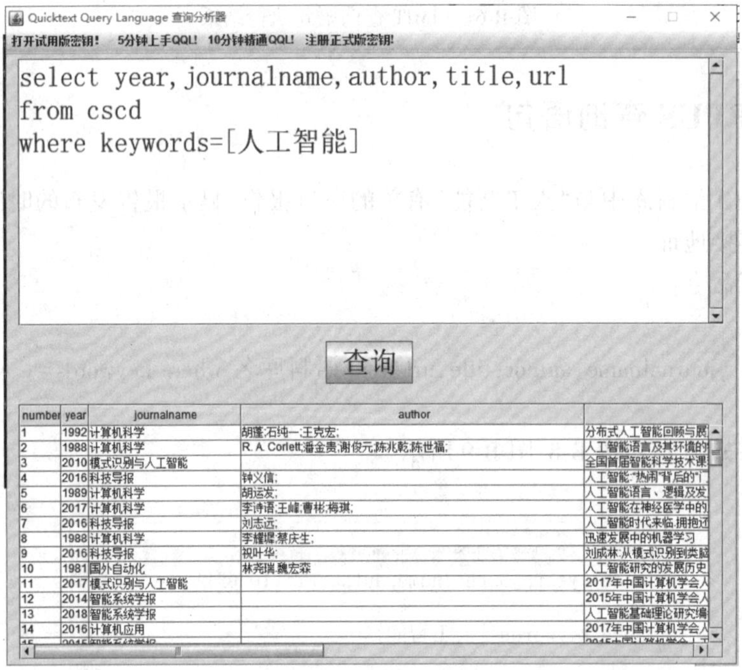

图 B-9 CORPUS 查询语句执行结果

B.4 COLUMN 查询语句

查询 CSSCI 语料库中与“人工智能”有关的所有报告，显示报告发布的时间年、期刊名、作者、标题、链接地址。

输入以下命令：

select 列名 from cssci where keywords=[人工智能]

查询结果如图 B-10、图 B-11、图 B-12 所示。

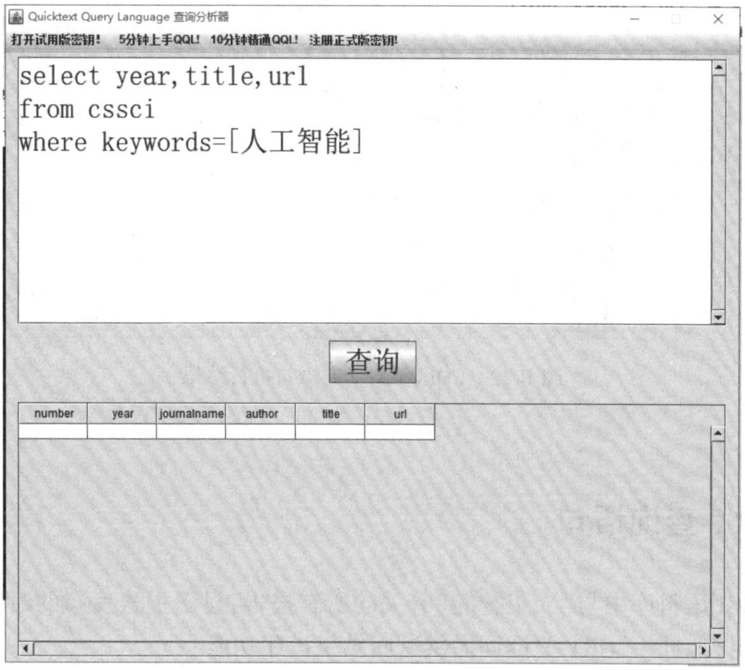

图 B-10 COLUMN 查询语句输入命令

图 B-11 COLUMN 查询语句执行过程

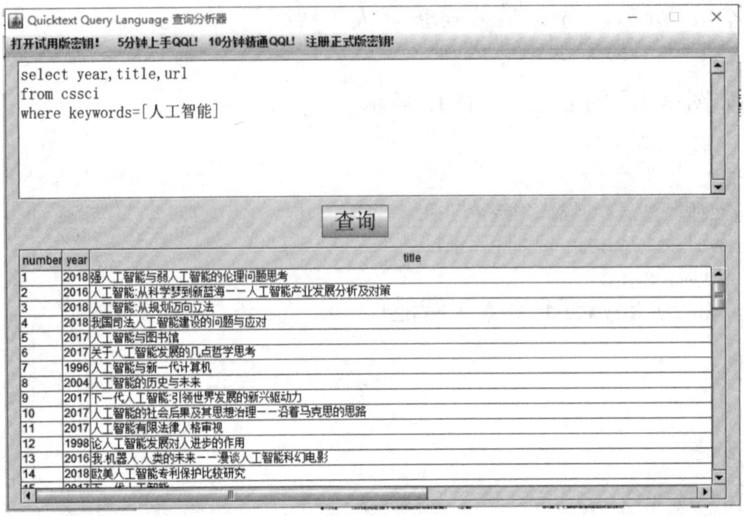

图 B-12 COLUMN 查询语句执行结果

B.5 SORT 查询语句

查询 CSSCI 语料库中与“人工智能”有关的所有报告,显示报告发布的时间年、期刊名、作者、标题、链接地址。SORT 关键词提供返回结果排序功能。

输入以下命令:

select year,journalname,author,title,url from cssci where keywords=[人工智能] and sort by 列名 升序(降序)

查询结果如图 B-13、图 B-14、图 B-15 所示。

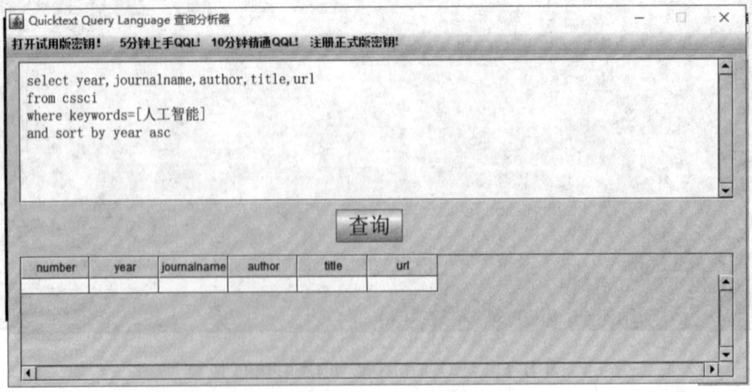

图 B-13 SORT 查询语句输入命令

图 B-14　SORT 查询语句执行过程

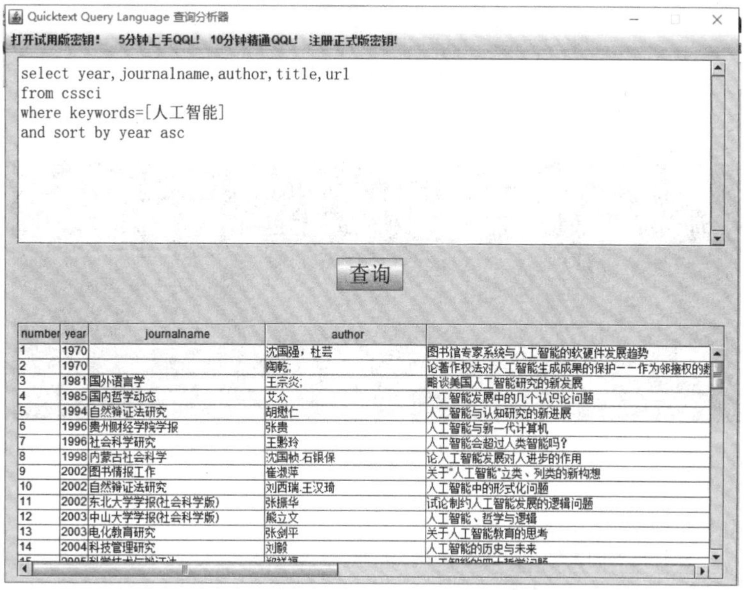

图 B-15　SORT 查询语句执行结果

B.6　FILTER 查询语句

查询 CSSCI 语料库中与“人工智能”有关的所有报告，显示报告发布的时间年、期刊名、作者、标题、链接地址。FILTER 提供返回结果过滤功能。

输入以下命令：

```
select year,journalname,author,title,url from cssci
where keywords=[人工智能] and sort by year asc and filter by 多条件
```

查询结果如图 B-16、图 B-17、图 B-18 所示。

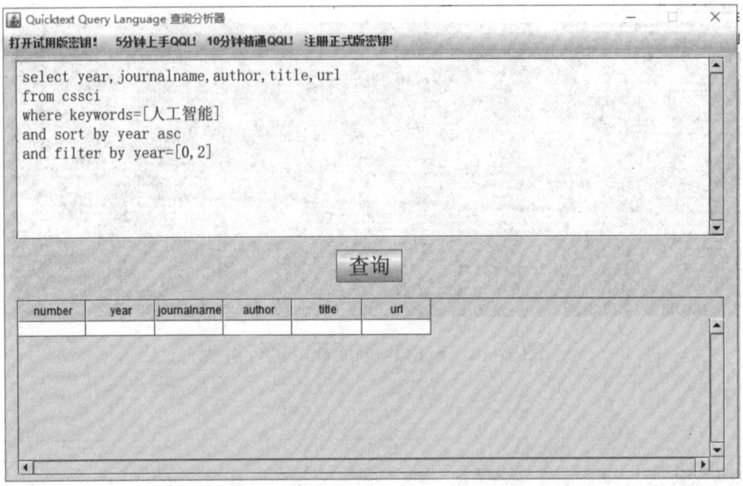

图 B-16　FILTER 查询语句输入命令

图 B-17　FILTER 查询语句执行过程

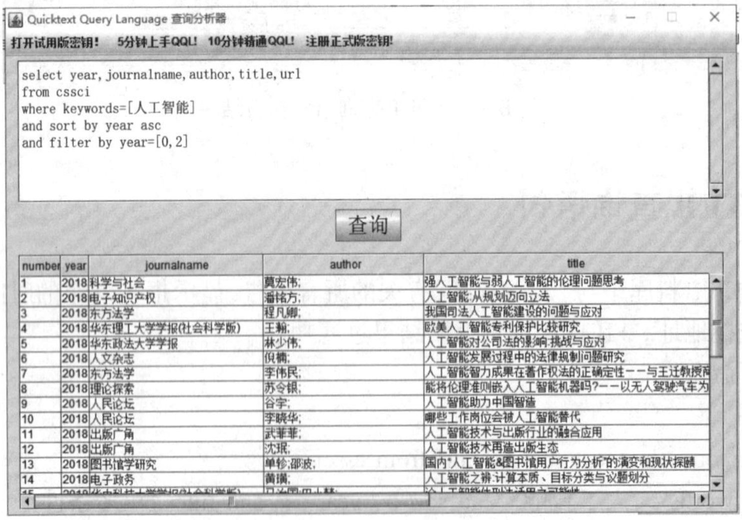

图 B-18　FILTER 查询语句执行结果

B.7　ACTION 查询语句

查询 CSSCI 语料库中与“人工智能”有关的所有报告，显示报告发布的时间年、期刊名、作者、标题、链接地址。ACTION 命令提供对返回结果进行操作的功能。

输入以下命令：

```
select year,journalname,author,title,url
from cssci
where keywords=[人工智能]
then action=[bib=1.ris,bib=2.csv]
```

查询结果如图 B-19、图 B-20、图 B-21 所示。

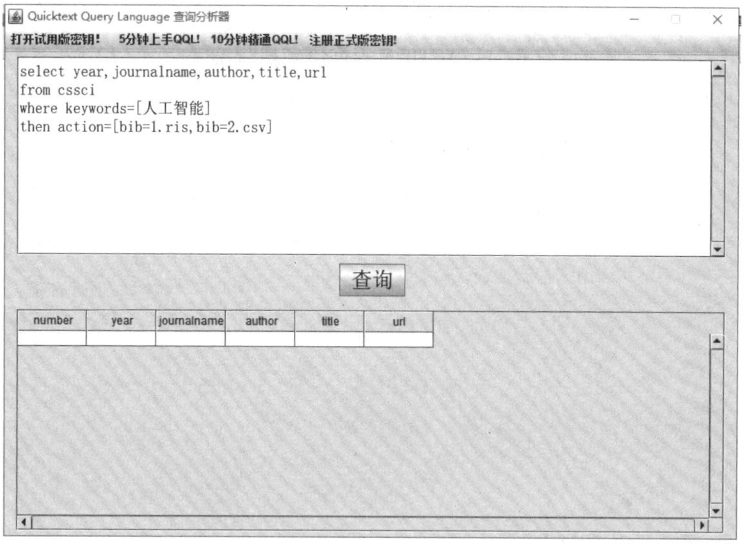

图 B-19　ACTION 查询语句输入命令

图 B-20　ACTION 查询语句执行过程

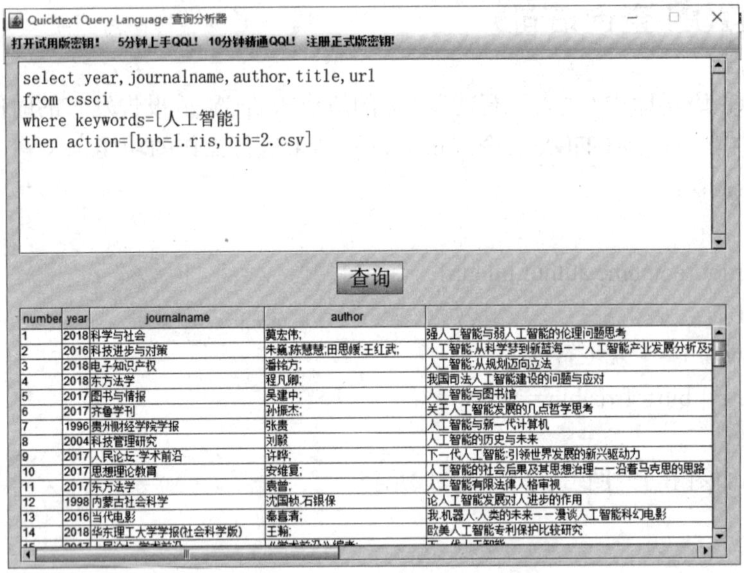

图 B-21　ACTION 查询语句执行结果